스님의 호흡법

스님의 호흡법

전채연 지음

황금테고리

호흡은 걸림이 없어야 하고,
　　화두는 끊어짐이 없어야 한다

목차

프롤로그_다시 호흡을 시작한다면   13

첫 번째 가르침_청량골을 세워라

첫 만남   27

청량골을 세워야 하는 이유   34

청량골이 서 있는지 확인하는 방법   36

척추가 세워지는 순간   39

참선을 하다 수마에 빠지는 이유   43

청량골을 세우고 오래 앉아 있는 방법   47

가슴을 펴고 앉는다는 것   49

스님의 호흡법 1

좌선에 좋은 스님의 동작 두 가지   52
양팔 올리고 호흡하기 | 열중 쉬어 자세로 호흡하기

척추를 세우는 노하우   54
앞가슴에 힘 빼기 | 척추 교정 자세

두 번째 가르침_횡격막 호흡을 하라

수행자의 호흡과 일반인의 호흡   59

뇌세포를 깨우는 횡격막 호흡의 원리   63

편안한 호흡만으로는 안 된다 68

나이 든 사람들을 위한 횡격막 단련법 73

정精의 상태로 들어가는 호흡법 77

스님의 호흡법 2
복부 지방을 태우는 횡격막 호흡 81

횡격막 호흡을 위한 식사법 제안 82

세 번째 가르침_가슴이 열려야 한다

좌선을 할 때 가슴을 펴야 하는 이유 89

반년 만에 우울증에서 벗어나다 92

참선하기 좋은 몸 상태를 만드는 가슴 호흡 95

호흡이 깊어지는 신경 청소법 102

오래 묵은 감정을 정화하다 109

스님의 호흡법 3
호흡하기 좋은 몸을 만드는 신경 마사지법 112
콩팥 마사지 | 뇌 청소 | 봉 마사지법 | 발목 치기 운동

네 번째 가르침_화두가 끊어지지 않게 하라

화두를 목전에 두고 보다　121

호흡과 화두가 따로가 아니다　127

호흡은 성성하게, 화두는 끊어지지 않게　131

행주좌와 어묵동정 몽중일여의 경지　135

좌선을 할 때 반개를 해야 하는 이유　140

호흡을 정밀하게, 더 정밀하게　148

화두 속에 홀로 존재하기　152

자기 연결감의 지혜　158

집중 수행을 통해 얻은 것　162

스님의 호흡법 4

좌선하는 사람들을 위한 몸 관리법　167

골반 돌리기 | 상하체 소통 마사지 | 서서 고관절 풀기 | 엎드려서 고관절 풀기 | 잠자리에서 고관절 풀기

다섯 번째 가르침_선농 수행과 일상 수행

삶 자체가 수행이 되기 위하여　175

화두를 일순위로 놓고 일하라　178

자급자족하는 선농일체의 삶　182

스님의 호흡법 5

일상생활에서 몸 쓰는 방법   191
걸을 때 몸 쓰는 방법 | 서서 대화할 때 몸 쓰는 방법 | 평형감각 기르기 |
포행의 자세 | 의자에 앉는 자세

에필로그_우리가 하는 호흡이 바로 우리 자신이다   201

프롤로그

프롤로그

다시 호흡을 시작한다면

 스님을 알게 된 것은 우연한 계기를 통해서였다. 당시에 나는 인생에서 몇 번인지 모를 방황기를 겪고 있었는데, 돌파구를 찾기가 쉽지 않았다. 대학을 졸업하고 삼십 년 가까이 출판계에서 작가이자 기획자, 편집자로 일해 왔지만 일에서 특별한 의미를 찾지 못하고 있었다. 물론 일에서 성공하고 싶다는 오랜 꿈이 있기는 했다. 하지만 출판계에 오래 있을수록 그 꿈은 요원하게만 느껴졌다. 몇 년째 붙들고 있는 글쓰기는 진전이 없었고 마음껏 웃어본 적이 언제인지 기억도 나지 않았다. 온몸이 무기력하고 면역 기능이 떨어져 한의원에 갔더니 울증 증세가 있다고 했다.
 결정적인 건 사람들 앞에 나서는 게 두려워졌다는 사실이었다. 당시에 나는 취미로 뮤지컬 동호회에 나가고 있었는데, 남들 앞에서 노래를 부르는 게 너무 어려웠다. 한번은 내 차례를 기다리는데, 명치 아래 상복부에 심장이 하나 더 달려 있는 것처럼 맥박이 사정없이 뛰었다. 한번 시작된 울렁증은 걷잡을 수 없이 번져 곧 호흡 곤란으로 이어졌다. 살면서 그런 두려움을 겪어 본 적은 처음이었다. 내 몸이 내 마음대로 컨트롤되지 않는다는 게 적잖이 당황스러웠다. 눈에 보이는 위험이 없는데도 왜 그런 상황이 벌어지는 걸까. 인터넷을 검색해보니 공황장애 초기 증상과 비슷했다. 생계를 이어가는 일도, 하다못해 취미생활도, 뭐 하나 제대로 할 수 있는 게 없었다. 아무래도 이번 생은 망한 것 같았다.

다시 시작하고 싶었지만 자신이 없었다. 빳빳하게 잘 다려진 인생을 다시 선물 받는다 해도 이번 생보다 나으리라는 보장이 없었다. 말 그대로 나는 삶의 방향성을 상실한 상태였다.

내 고민을 듣고 있던 지인이 지나가듯 말했다.

"내 생각엔 자기가 명상을 해야 원래 자리를 회복할 수 있을 것 같아."

"명상이요?"

나는 반문했다. 그는 20년 이상 명상을 꾸준히 해왔는데, 그게 인생의 고비마다 흔들리지 않고 자신을 지켜가는 데 도움이 되었다고 한다. 어쩌면 밖에서 방법을 찾는 것보다 자기 안에서 답을 발견하는 게 더 빠른 길일 수도 있다고, 그는 말했다.

"명상을 해서 스스로를 잘 들여다보게 되면 진짜 쓰고 싶은 글을 쓸 수 있게 될 거야."

좋은 말이었지만 선뜻 와 닿지 않았다. 당장 목이 타들어가는 사람에게 삽 한 자루를 쥐어주고 우물부터 파라는 소리처럼 들렸다. 그런데 이상하게 그 말이 마음에 남았다. 지금 생각하면 그의 말보다 확신에 찬 그의 태도에 더 끌렸던 것 같다. 확실히 그에게는 설명할 수 없는 아우라가 있었다. 나는 그게 뭔지 궁금했다.

사실 명상은 내게 아주 낯선 분야는 아니다. 이십대에 단전호흡을 시작한 것을 계기로 제법 오랫동안 요가와 필라테스 같은 몸 수련을 꾸준히 해왔다. 그 수련들의 막바지에는 대개 짧은 명상 시간이 주어졌고, 온몸을 구석구석 풀어주고 나서 가부좌로 앉아 있으면 마음이 그렇게 편안할 수가 없었다. 특히 땀이 비오듯 쏟아질 정도로 진하게 아쉬탕가를 하고 나서 하는 명상은 일상에서 좀처럼 맛보기 어려운 개운함을 전해주었다. 아주 가끔은 10분에서 20분 사이로 주어지는 그 침묵의 시간이 아쉬워, 한 시간이고 두 시간이고 내리 앉아 있고 싶을 때도 있었다. 물론 그런 생각도 잠시, 매트에서 벗어나면 언제 그랬냐싶게 다시 일상으로 돌아가곤 했지만.

한때 뇌과학 잡지에서 일한 덕분에 명상이 뇌에 미치는 영향에 대해서도 충분히 인지하고 있었다. 잡지에서 이와 관련한 특집을 다룬 적이 있었다. 워싱턴대학교의 리차드 데이비슨 연구팀이 티벳 수도승들을 대상으로 명상이 뇌에 미치는 영향을 연구한 결과를 정리하고, 일상에서 명상을 규칙적으로 실천하는 사람들을 찾아가 직접 인터뷰한, 제법 야심찬 기획이었다.

그런데 그 지인은 몸을 건강하게 하고, 정신을 맑고 평온하게 하는 심신요법으로서의 명상이 아니라 자아 발견의 한 방편으로 명상을 권하고 있었다. 명상이 스트레스를 해소하고 불면증을 완화시켜주고 우리 몸에 필요한 호르몬을 원활하게 분비하는 데 그치지 않고 삶을 재구성하고 진짜 자기 자신을 발견하는 데까지 나아가게 할 수 있을까. 삶의 방향성을 잃은 내 삶에 어떤 돌파구가 되어줄 수 있을까.

좀처럼 동의하기 어려웠다. 아마도 내가 그런 방식으로 명상에 접근해본 적이 없어서일 것이다. 인간이란 자기가 경험한 것 이상을 받아들이기가 쉽지 않은 존재다. 고백하자면 내 지난 시절의 요가와 필라테스와 호흡과 명상이 몸무게를 줄여주고 스트레스를 풀어주고 마음의 안정감을 주었을지언정 삶 자체를 바꿔놓지는 못했다. 그렇다면 이번에야말로 몸과 마음의 건강을 넘어선 그 어디쯤에 이르는 접근을 시도해볼 수 있지 않을까.

어차피 이대로 방황하며 사느니 무엇이라도 시도해보는 게 나았다. 만에 하나, 바라던 결과를 얻지 못한다 해도 적어도 건강은 챙길 수 있을 테니 말이다. 나는 다시 시작하는 명상이 삶을 다른 차원으로 끌어올려주기를 기대하며 지인의 말에 귀를 기울였다.

아무것도 하지 않는 한 시간의 루틴

그는 매일 한 시간씩 시간을 떼어내어 조용한 곳으로 가 명상을 하라고 일렀다.

"한 시간이나요?"

내겐 적지 않은 도전이었다. 명상을 하던 시절에도 기껏 해야 10분, 길어야 30분 이내로 끝냈지 한 시간을 채워본 적은 없었다.

"처음에는 10분, 20분씩 하더라도 조금씩 시간을 늘려봐. 내 경험으로는 40분 이상을 해야 효과가 있더라고."

그의 조언에 천천히 고개를 끄덕였다. 40분 이상을 가만히 앉아 있을 수 있을지 자신은 없었지만.

"그런데 명상을 잘하려면 호흡이 먼저 돼야 해."

"호흡이요?"

"그래, 호흡."

그는 대부분의 사람들이 명상을 하면서 내면으로 깊이 들어가지 못하는 이유는 호흡이 잘되지 않아서라고 했다. 그러면서 동영상 링크를 하나 보내주었다. 자신이 명상을 하는 데 도움을 많이 받은 분이라며.

집에 와서 확인해보니 어떤 스님이 좌선하는 수행자들을 대상으로 한 강의 영상이었다. 영상 속 스님의 얼굴이 맑고 단단했다. 나는 스님의 힘 있는 목소리에 이끌려 영상을 시청하기 시작했다.

"호흡은 누구나 다 합니다. 태어나서 제일 먼저 하는 것이 숨 쉬기 운동이죠. 그런데 숨 쉬는 법을 누가 가르쳐 주느냐 하면 아무도 가르쳐주지 않아요. 그래도 우리는 자연스럽게 호흡을 해왔습니다. 물론 호흡법을 전문적으로 배워야 하는 사람들도 있어요. 오페라 가수나 수영선수, 검도하는 사람들은 특별한 호흡법을 지도 받습니다. 필요한 역량을 극대화하는 호흡법이 따로 있으니까요."

　스님은 세간에 나와 있는 호흡법이 다 같은 호흡법이 아니라고 말했다.

　"요즘 헬스장에서 개인 PT 받으시는 분들 많죠? 운동하러 동네 헬스장만 가도 트레이너에 따라 지도 방식이 다릅니다. 몸 만드는 것을 중요하게 여기는 트레이너가 있고, 근력 향상을 중요하게 여기는 트레이너가 있죠. 반면에 전반적인 체력을 골고루 강화시키는 훈련을 중점적으로 하는 트레이너도 있어요. 그러니 이들이 하는 웨이트 트레이닝이 같은 기구를 사용한다고 해서 다 같다고 할 수 있을까요?"

　스님은 반문했다.

　"호흡도 마찬가지입니다. 불교의 참선은 물론이고 요가, 복식호흡, 단전호흡, 태극권, 위빠사나 명상, 마음챙김 명상, 선도 수련 등 세상에는 다양한 수행법이 있어요. 이 수행법들의 공통점은 고유한 호흡법이 있다는 거죠. 그러니 호흡법이라고 해서 다 같지 않습니다. 어떤 목적으로 하느냐에 따라 완전히 다른 결과를 낳지요. 어떤 사람은 체력을 극대화하기 위해 호흡을 하고 어떤 사람은 극강의 무술을 연마할 목적으로 호흡을 합니다. 다양한 호흡법들은 각자의 목적에 맞게 체계화되어 있습니다. 그러니 호흡법을 무작정 따라할 것이 아니라 먼저 자신이 무엇을 위해 호흡을 하려고 하는지를 분명히 알고 시작해야 합니다."

　스님은 불교 수행자가 참선을 하는 것은 붓다를 롤모델로 해서 깨달음에 이르고자 하는 방편으로 하는 것이라고 했다. 따라서 불교의 호흡법은 몸과 마음을 부지런히 닦아 스스로 부처가 되는 것을 목적으로 하는 셈이다.

　"우리의 교주이신 석가모니 부처께서 제일 먼저 배운 것이 다름 아닌 호흡법이었습니다. 부처님이 왕궁을 탈출해서 제일 먼저 만난 스승이 요가의 대가이자 호흡법의 대가였어요. 그러니 우리도 호흡법을 무시할 수 없어요."

　스님은 숨 한번 들이쉬었다가 내쉬지 못하면 그게 바로 죽음이라고 하셨던 부처님 말씀을 언급하시며, 호흡이 얼마나 귀하고 중요한지 깨달을 때 비로소 공부에 들어갈 수 있다고 하셨다.

　"제가 참선 수행을 하다가 큰 병을 앓아 죽음 직전까지 간 적이 있어요. 근육 무기력증이 와서 숨을 쉴 수조차 없었어요. 숨을 들이쉬지도 내쉬지도 못하고 있을 때, 의사 선생님이 그랬습니다. "스님, 사람들은 폐로 숨을 쉰다고 생각하는데, 실은 폐가 숨을 쉬는 게 아니라 횡격막이 숨을 쉬는 거예요."

　그 급박한 와중에도 뒤통수를 세게 얻어맞은 기분이었어요.

폐가 숨을 쉬는 게 아니라 횡격막 근육의 움직임으로 숨이 쉬어지는 거라고?

스무 살에 출가한 후 누구보다 큰 원력을 품고 참선 수행을 해왔는데, 그동안 내가 호흡의 원리조차 모르고 수행을 해온 것은 아닌가 하는 의구심이 들었지요. 의사는 당장 수술을 하지 않으면 죽을 수도 있다고 했습니다. 제 딴에는 전심전력으로 수행해왔는데, 공력을 쌓기는커녕 죽을병에 걸려 꼼짝할 수 없게 되었으니 스스로가 참 초라하게 느껴졌죠.

그 사건을 계기로 저는 제 몸을 토대로 연구하고 궁리하여 호흡의 핵심 원리를 터득하게 되었습니다. 죽음 직전까지 몰려서야 수행법을 재정비한 셈이죠. 그 결과, 좌선에 대해 정확하게 알지 못하고 수행을 하는 것은 어불성설이라는 결론을 내렸어요.

실제로 많은 수행자들이 백날 좌복에 앉아 있어도 참선의 깊은 경지를 맛보지 못하는 것은 첫째, 화두를 보는 호흡의 핵심 원리를 이해하지 못하기 때문이요, 둘째, 호흡의 핵심 원리를 일상에 적용해 힘 있게 화두를 붙들지 못하기 때문입니다. 그래서 저는 수행은 지식이 아니라 온전히 몸으로 하는 거라고 누누이 말합니다. 도는 몸 밖에 있는 것이 아니라 우리 몸 안에서 이루어지는 것입니다."

스님은 옛날 해인사 시절부터 40여 년간 인연이 닿는 도반들과 신도들에게 알음알음 전수해오던 호흡법을 하나하나 짚어주겠다는 말로 첫 강의를 마무리 지었다.

적어도 두루뭉술한 선문답으로 혹세무민하는 사람은 아닌 것 같았다. 무엇보다 깨달음은 난해하고 어려운 설법 속에 있는 것이 아니라 매일 매일 삶을 통해 실천하는 단순한 습관 속에 있다는 말씀이 마음에 들었다. 매일 한 시간씩 자리에 앉아 호흡을 하다 보면 내 인생에도 볕 들 날이 올까. 답 없는 인생에 한 줄기 빛을 발견할 수 있을까.

마침 명상을 권해준 지인에게 전화가 왔다.

"어때? 들을 만해?"

"네, 본격적으로 한번 시작해볼까 생각중이에요."

"그래? 마침 잘됐다. 실은 우리 모임에서 이번에 스님에게 호흡 점검을 받으러 가기로 했거든. 말 나온 김에 같이 가는 건 어때?"

갑작스러운 제안이었다. 엄밀히 말해서 나는 수행자도 아니고, 불교 신자도 아니었다. 하지만 참선을 40년 이상 하신 스님의 공력이 어느 정도인지 궁금하기는 했다. 매일 1시간씩 자리에 앉아 호흡을 하다 보면 부처님처럼 대오각성하지는 못할지라도 방향을 상실한 내 인생에 작은 돌파구를 찾을 수 있을지도 몰랐다. 나는 선뜻 가겠다고 약속했다.

첫 번째 가르침

첫 번째 가르침

청량골을 세워라

첫 만남

버스에는 빈자리가 없었다. 하루에 몇 대 없는 버스라 일찍 예매하지 않았다면 낭패를 보았을 것이다. 일행은 지인과 명상 모임에서 오래 알고 지냈다는 지인의 지인, 그리고 나까지 셋이었다. 고속버스에 올라 상념에 잠겨 있는 사이 휴게소에 도착했다. 휴게소 정차 시간은 15분이었다. 화장실에 다녀오는 길에 일행에게 물었다.

"그런데 스님은 어떤 분이세요?"

"사실 우리도 스님에 대해 잘 아는 건 아니야. 개인적인 얘기를 많이 하시는 편도 아니고."

두 분의 설명을 종합해보면 스님은 스무 살에 조계종으로 입적해 합천 해인사와 인천 용화사를 거치면서 40여 년간 오로지 참선 수행에만 전념해온 수행승이셨다. 한때는 조계종 선원수좌회를 이끌기도 하셨다는데, 지금은 한국 불교의 선맥을 잇는 송담 큰스님 휘하에 있다고 한다.

"불교계에서는 인천 용화사를 창건하신 전강 선사가 아주 유명한 분이라고 하데? 근래의 선지식 가운데 가장 유명한 분 중 하나로 많은 일화를 남기신 분이래. 그 전강 선사가 키운 제자가 바로 송담 큰스님인데, 우리가 찾아뵈려고 하는 강설 스님은 송담 큰스님 밑에서 40년간 화두 참구를 해오신 분이야."

송담 큰스님 또한 근래에 한국 불교에서 존경받는 도인 스님 중 한 분이라고 한다. 화두 참구를 하거나 기도하다가 막히는 부분이 있을 때 찾아가 점검을 받을 수 있는 몇 안 되는 분이라는 것이다. 강설 스님은 송담 큰스님 밑에서 줄곧 화두 참구를 해오셨으며, 지금은 거창의 개금마을에서 선농법으로 농사를 짓고 있다고 한다.

"그런데, 저는 불교 신자가 아닌데 스님의 가르침을 받아도 괜찮을까요?"

뒤늦게 걱정이 되었다.

"상관없어. 스님이 불교 신자에게만 호흡법을 가르치시는 게 아니고, 전국에서 인연이 닿는 사람들이 꾸준히 찾아오는 모양이야. 심지어 다른 종교 지도자들도 호흡법을 배우러 온 적이 있다고 하더라고."

나 또한 천주교 신자로서 불교에 대해 아는 바가 전혀 없었다. 다행히 인도의 수도승에게 명상법을 전수받았던 존 메인 신부님이나 동서양 종교 간 화합을 강조했던 토마스 머튼 신부님 같은 분들이 있어 불교에 대한 거부감은 별로 없었다.

"그런데 두 분은 어떻게 스님과 인연이 닿으셨어요? 두 분도 불교 신자가 아니시잖아요."

두 분은 서로 마주보며 웃었다. 두 분은 오래전부터 한 모임에서 만나 명상을 해오고 있다고 한다. 10년쯤 명상을 하다 보니 끌어주는 사람 없이 하는 명상이 한계에 부딪쳤고, 큰 진전이 없었던 모양이다. 답답해하던 차에 우연히 불교 방송에서 강설 스님의 강의를 듣게 되었다고 한다.

"신기하게 우리 둘이 다른 장소에서 그 강의를 동시에 들었어. 명상을 제대로 하려면 호흡을 배워야겠다는 생각에 스님에게 호흡 지도를 받아보자고 의기투합하게 되었지."

두 사람은 그 길로 인천 용화사에 전화를 걸어 스님의 연락처를 알아냈다고 한다.

"스님께 전화를 해서 다짜고짜 제가 명상을 하고 있는데, 스님이 말씀하시는 호흡법을 좀 알려주실 수 있겠느냐고 물었어. 그랬더니 스님이 횡격막 호흡 하는 법을 알려주시고는 해보고 석 달 후에 다시 연락하라고 하시는 거야. 석 달 동안 횡격막 호흡을 열심히 한 다음에 다시 전화를 드렸지. 그런데 세 번을 걸어도 전화를 안 받으시는 거야. 그래서 문자를 드렸더니 그 다음날엔가, 스님한테 연락이 왔어."

생판 인연이 없는 사람을, 절에 직접 전화까지 해서 연락처를 알아낼 만큼 두 분은 명상에 진심이었다. 그 진심이 두 분을 스님께로 이끌어준 것 같았다.

"버스 출발합니다!"

기사의 안내에 따라 우리는 다시 버스에 올랐다. 거창 터미널에서 내려 스님이 계시는 개금마을까지는 차로 또 40여 분을 달려야 했다. 8월 하순의 더위에 오랜만의 버스 여행이라 도착하기도 전에 지치는 기분이었다. 다행히 완만한 산자락을 굽이굽이 돌아 들어가는 동안 녹음이 피로를 달래주었다. 갈수록 공기가 선선해지는 것을 보니 고도가 점점 높아지는 것 같았다. 목적지가 얼마 남지 않았다.

스님이 기거하시는 곳은 개인 사찰이라기보다는 농가에 가까웠다. 경사가 완만한 만 평 남짓한 농지 한가운데 슬레이트로 지은 건물 두 동이 마주보고 있었다. 한쪽은 숙소와 부엌, 화장실, 손님방이, 맞은편에는 차를 마시고 참선을 하는 다실 겸 선방과 규모가 제법 큰 창고가 있었다.

우리는 커다란 방석이 쌓여 있는 선방에 짐을 풀고 잠시 숨을 돌렸다. 선방 안쪽에는 나뭇결대로 잘라 만든 큰 좌식 테이블이 있었고, 테이블 위에 보이차, 녹차 등 스님이 즐겨 드시는 차와 다기 세트가 가지런히 놓여 있었다. 유리로 된 통창 너머로 한여름의 녹음이 시원하게 밀려들었다.

스님은 겉치레나 군더더기가 없는 분이었다. 햇빛에 적당히 그을린 피부에는 윤기가 흐르고 군살 하나 없어 나이를 가늠하기 어려운, 청년 같은 기상을 지닌 분이었다.

"자, 가부좌로 앉아 보실까요?"

스님은 조금 전까지 밭일을 하던 모습 그대로 선방으로 들어와 단도직입적으로 자세 점검부터 하셨다. 우리는 누가 먼저랄 것 없이 가부좌 자세를 취했다. 방석이 생각보다 크고 푹신했다.

"좌선에서 가장 기본이 되는 것은 자세예요. 자세는 아무리 강조해도 지나치지 않을 만큼 중요한데, 많은 수행자들이 바른 자세가 뭔지도 모른 채 좌선을 하고 있으니 참 문제예요, 문제."

"스님, 저희 자세가 불량한가요?"

일행 중 하나가 물었다.

"아니, 잘하고 있어요. 문제는 많은 사람들이 처음에는 알려준 대로 자세를 바르게 취하는데, 세월이 흐르면서 몸이 틀어지고 변형이 온다는 거죠. 그러니 항상 스스로 자기 자세를 점검해야 해요. 좌선을 할 때 결가부좌 자세를 바르게 취하면 엉덩이의 청량골(꼬리뼈)과 양 무릎의 끝이 정확하게 삼각형을 이루게 되고 여기에 머리 위 백회혈[1]을 이으면 삼각뿔이 완성돼요. 지금 다 삼각뿔이 완성됐나요?"

평상시에는 가부좌로 앉아 있어도 불편한 줄 몰랐는데, 스님 말씀대로 자세를 취하려고 하니 배도 당기고 척추에도 힘이 들어갔다. 무엇보다 척추를 있는 힘껏 세우고 앉아 있자니 자세를 오래 유지하기가 어려웠다.

"포인트는 꼬리뼈, 그러니까 청량골을 세우는 거예요."

스님은 청량골이 바르게 세워져야 오랜 시간 안정적인 자세를

---

[1] 정수리 정가운데의 움푹한 곳으로 의식을 각성시키는 대표적인 혈로 알려져 있다.

유지할 수 있다고 했다.

"내가 1982년에 출가를 했는데, 1987년쯤에 성철 큰스님과 해암 큰스님, 일타 큰스님, 자운 큰스님, 보광 스님이 해인사에 주재하셨어요. 그때 해인사 그 큰 절에 마흔여섯 명이 같이 살았지."

"그렇게 많이요?"

"그전에는 대략 35명 정도 살았는데, 큰스님이 오는 대로 다 받으라 해서 그렇게 됐어요. 동안거 때 오후 2시에 입선을 하면 성철 방장 큰스님이 두 시 반이나 세 시쯤 들어오셔서 꼭 선방을 한 바퀴 돌면서 경책[2]을 하셨어요. 그러니까 수좌 스님들이 좌선을 하다가 삐걱 하는 문소리가 들리면 순식간에 청량골이 쭉 올라가는 거야. 그때 화엄사 수좌 스님 중 하나가 축구 선수를 하다 왔는지 허벅지가 27~28인치 정도 되고 맷집이 아주 좋았는데, 그 스님이 청량골을 딱 세우고 앉아 있으니까 성철 큰 스님이 "허! 이 놈 봐라, 아주 힘 있게 앉아 있네."라고 했던 기억이 나요."

옛날 큰 스님들은 좌선을 할 때 청량골을 세우는 것을 귀에 못이 박히도록 강조했다고 한다. 우리 몸 자체가 수행을 위한 작은

---

2 좌선을 할 때, 자세가 흐트러지거나 조는 사람의 어깨를 쳐서 정신을 차리게 하는 것.

법당이고 그것을 잘 관리하는 것이 수행자의 첫걸음이기에 그렇다. 옛날 큰 스님들이 그러했듯 강설 스님도 우리에게 청량골을 세우라고 몇 번이나 강조하셨다. 청량골이 세워지지 않으면 그 법당은 바람이 불고 태풍이 오면 곧 쓰러지고 만다면서.

청량골을 세워야 하는 이유

"스님, 청량골을 세우지 않으면 어떻게 되나요?"

호기심에 물어보았다.

"자세가 바르지 않으면 깊은 호흡을 하기가 어렵고 오래 앉아 있기도 어려워요. 시간이 지나면 고관절이 틀어지고 어깨 결림이 오고 무릎 관절이 나가고 나중에는 본인이 정진하고 싶어도 몸이 따라주지 않게 돼요."

스님은 엄포를 놓듯 말했다. 그러고는 설명을 이어나갔다.

"잘 들어봐요. 청량골을 세우지 않으면 제일 먼저 척추가 휘어져요. 잘 알다시피 가슴에는 폐가 있고 폐에는 기도가 있어요. 그 뒤에 음식이 내려가는 식도가 자리하고 있고 식도 뒤에는 척추가 있어요. 그래서 우리가 체하면 가슴을 치지 않고 등을 치는 거예요. 식도가 등과 더 가까우니까. 어쨌든 좌선을 할 때 고개를 숙이고 허리를 구부리게 되면 제일 먼저 식도 근육이 약해져요. 청량골을 세우는 이유는 식도와 기도를 열어 음식물 섭취와 호흡 활동을 원활하게 하기 위한 것도 있어요. 두 번째 이유는 오장육부를 편안하게 해줄 수 있는 공간을 확보하기 위해서예요. 지금 한번 청량골을 구부려보세요."

우리는 쭉 폈던 척추의 힘을 빼고 청량골을 구부려보았다. 엉덩이가 금세 내려앉으면서 척추가 부드러운 활 모양으로 휘어졌다.

"어때요? 청량골을 구부리면 명치가 겹쳐지죠? 명치가 겹쳐지면 내장의 장기들이 압박을 받아요. 그러니 호흡이 깊어질 수 없겠죠? 장기들이 압박을 받으니 차츰 내장 근육도 경직되고. 자, 이번에는 척추를 곧게 세우고 앉아볼까요?"

척추를 반듯하게 세우자 압박 받던 장기들이 제자리를 찾은 듯 편안해졌다. 복부에 공간이 생긴 덕분이었다.

"그 자세로 호흡을 하면 횡격막이 늘어났다 줄었다 하면서 대장과 소장, 위장과 간에 자극을 줘요. 숨을 들이마시면 횡격막이 싹 내려가면서 배가 부풀어지고 내쉬면 횡격막이 올라가면서 배가 수축되죠. 우리 내장은 아주 미세한 핏덩어리로 되어 있어요. 숨 쉴 때마다 횡격막이 왔다 갔다 하면서 복부에 압력을 주면 호흡으로 오장육부를 마사지하는 효과도 있어요."

청량골이 서 있는지 확인하는 방법

"그런데 스님, 명상을 할 때 스스로 자세를 점검하기 어렵다 보니 잘못된 자세로 앉아 있어도 자세를 교정하기 어려운 것 같아요. 청량골이 제대로 서 있다는 것을 스스로 알 수 있는 방법은 없나요?"

적재적소에 적절한 질문을 잘하는 지인이 물었다.

스님은 청량골을 세우고 척추를 곧게 세운 다음 가슴을 활짝 폈을 때, 무게 중심이 단전[3]에 오는 자세를 찾아야 한다고 강조하셨다. 상체를 앞뒤로 움직이면서 단전에 무게 중심이 오는 지점을 스스로 찾으라는 것이었다. 초심자에게 바른 자세를 알려줄 수는 있지만 단전에 무게중심이 오는 정확한 자세를 찾는 것은 오로지 본인의 몫이었다.

"청량골을 제대로 세우면 어깨에 힘이 빠지고 갈비뼈가 펴져요. 그러면 무게중심이 자연스레 단전에 가 있게 되겠죠? 그런데 우리 보살님들이 좌선하는 모습을 지켜보면 상체가 앞으로 기울어지는 경향이 있어요. 가부좌로 앉았을 때 무게 중심이 단전에

---

[3] 단전은 에너지가 모이는 곳으로, 상단전, 중단전, 하단전으로 나뉜다. 보통 단전이라고 하면 하단전을 일컫는데, 배꼽 아래 세치(약 9cm) 부위에서 안쪽으로 들어간 몸의 중심 부위를 가리킨다.

가 있으려면 상체가 생각보다 뒤쪽에 있어야 해요."

스님은 그렇게 주의를 주었다.

"만약 상체가 앞으로 기울어 무게중심이 단전보다 앞에 있게 되면 대퇴부 고관절 근육이 당기게 돼요. 그러면 고관절이 틀어지게 되고 조금만 앉아 있어도 다리가 저릴 거예요."

아닌 게 아니라 명상을 할 때, 가부좌로 앉아서 30분이 넘어가면 오른쪽 다리가 저리고 쥐가 났던 기억이 났다. 어쩌면 명상을 하다가 신체에 통증이 온다는 것은 그 자세가 바르지 않다는 것을 알려주는 몸의 신호인지도 모르겠다. 스님은 자세가 틀어지면서 생길 수 있는 부작용에 대해 주의를 주었다.

"다리가 저린 정도에서 끝나면 좋은데, 계속 그 자세를 방치하면 내장 근육에 이상이 생겨요. 그러면 소화불량이 오고 근육에도 긴장이 오겠죠. 그러면 장이 굳고 그 다음에 오는 병이 담이에요, 담. 조금만 움직이면 등 근육에 담이 와서 꼼짝을 못하게 돼요. 잘못된 자세로 인해서 장이 굳어버리고 척추에 힘도 없으니까 두 개의 병이 동시에 오는 거예요. 이쯤 되면 간절한 원력을 품고 참선을 시작했는데, 공력을 쌓기는커녕 육체적 고통에 시달리다가 끝나버리고 마는 거예요."

스님은 처음 시작할 때부터 자세를 바로 잡아주지 않으면 나중에는 수행 정진하고 싶어도 몸이 따라주지 않는다고 강조했다. 실제로 아는 도반 스님이 담이 온 적이 있었다고 한다.

"도반 스님이 병원에 가서 물리치료를 하고 침을 맞아도 통 낫지를 않는 거야. 그런데 김제 어디에 아주 용한 한의원이 있다고 해서 거기 가니까 한의사가 하는 말이, "스님, 이건 허리의 문제가 아니라 장이 잘못돼서 생긴 병이에요" 하더라는 거야. 그 의사가 배에 침을 몇 방 놓으니 스님 허리가 그 자리에서 바로 70~80% 나았어요."

스님의 호흡법의 첫 번째 가르침으로 자세를 강조하는 것도 이 때문이었다. 좌선을 할 때 바른 자세를 등한시하면 서서히 병이 온다. 자세를 만드는 데 가장 문제가 되는 것은 허리인데, 허리 근육에 힘이 없으면 아무리 척추를 세우고 싶어도 몸이 따라주지 않는다. 그럴 때는 허리힘을 길러주는 운동을 병행해야 한다. 디스크 수술을 하고 나면 무조건 재활 치료로 허리 강화 훈련을 하는 것처럼 참선을 하는 데도 준비가 필요하다. 그렇지 않으면 아무리 청량골을 세우고 싶어도 10분에서 20분 정도 지나면 저절로 허리가 굽어지고 만다.

척추가 세워지는 순간

이미 경험해본 사람은 설명하지 않아도 알 것이며, 한 번도 경험해보지 못한 사람은 아무리 설명해도 모른다는 말이 있다. 호흡에 대해 설명할 때 이보다 적절한 말이 있을까 싶다. 아무리 자세히 설명하고 머리로 이해했다고 해도 몸으로 직접 체득하지 않으면 그 말의 온전한 의미를 이해할 수 없다는 점에서 그렇다.

청량골을 세운다는 것에 대해 내가 경험한 것이 바로 그것이었다. 호흡을 시작한 지 1년쯤 지났을 때, 가부좌로 앉아 고요히 호흡을 하고 있었다. 그때 어떤 에너지 같은 것이 고관절에서부터 엉덩이를 타고 올라와 꼬리뼈가 바짝 세워지고 척추 뼈가 세워지고 가슴과 어깨가 활짝 펴졌다. 스님이 누누이 강조했던 자세가 바로 이것이라는 직감이 왔다.

이전에도 나는 분명히 꼬리뼈를 바짝 세우고 척추를 바로 하고 앉아 있었다. 하지만 이때의 느낌은 차원이 달랐다. 마치 나 자신이 하나의 마리오네트 목각 인형이 된 것 같았다. 꼬리뼈에서 정수리까지 가늘고 긴 실로 연결되어 누가 그 실을 위에서 잡아당기기라도 한 것처럼 몸이 저절로 펴진 것이다. 중력이 사라진 듯 가부좌로 앉아 있는 것이 깃털처럼 가볍게 느껴졌다. 의도적으로 꼬리뼈를 치켜 올리고 허리에 힘을 주고 가슴을 여는 자세를 취하지 않아도 호흡만 잘 되면 자연스럽게 올바른 자세로 앉아 있게 된다는 것을 그때 처음 알았다. 일부러 무엇을 하는 게 아니라 저절로 되어지는 느낌, 그 흐름을 따라가기만 하면 되었다.

그러니 진짜 척추가 세워지기 전에는 청량골을 세운다는 것이 어떤 의미인지 정확하게 인식하지 못할 수도 있다. 스님도 많은 사람들이 참선을 한다고 앉아 있지만 정작 청량골을 제대로 세우고 앉아 있는 사람은 드물다고 하신 적이 있다. 참선을 오래 한 사람들 중에도 자세에 변형이 온 사람들이 제법 있다는 것이다. 그렇게 바르지 않은 자세로 오래 앉아 있을수록 수행이 깊어지는 것이 아니라 참선 병이 깊어진다고 안타까워 하셨다. 기껏 간절한 마음을 내 수행을 시작했는데, 결과적으로 척추가 굽어지고 고관절이 틀어지고 장기가 굳어 수행 정진하기 어렵게 되는 것이다. 참으로 안타까운 일이 아닐 수 없다.

나 또한 스님이 누누이 강조하시는 바른 자세로 앉아서 매일 명상을 해왔지만, 명상을 시작한 지 1년이 지나서야 바른 자세에 대한 감을 잡을 수 있었다. 누가 허리를 밀어 올리는 것 같은 힘을 받아 척추가 세워지고 그 힘에 의해 가슴이 벌어지고 그 상태로 가슴의 힘을 살짝 뺐을 때, 크고 깊은 숨이 폐로 밀려들어왔다. 마치 가부좌로 앉아 있는 내 몸 자체가 잘 설계된 골조로써 완벽한 균형점을 찾은 것 같았다. 부드러운 가운데 단단하게 꽉 채워지는 느낌.

그 느낌을 어떻게 설명할 수 있을까. 밴쿠버 올림픽에서 전 국민이 지켜봤던 김연아의 스파이럴에 비유할 수 있을까. 한 발을 들고 빙판을 부드럽게 미끄러져 가는 그의 몸놀림에는 있는 힘껏 힘을 줘서 균형을 맞추려는 억지스러움이 없었다. 몸에 힘을 뺀 상태에서 적절한 균형 감각만 가지고 물 흐르듯 유연하게 앞으로 나아갈 뿐.

호흡도 마찬가지 아닐까. 척추 근육을 단련한다는 것은 헬스처럼 특정 근육에 반복해서 힘을 줌으로써 근육을 키우는 것을 의미하지 않는다. 어쩌면 자세의 균형점을 완벽하게 맞춤으로써 그 안에 에너지가 차오르게 하는 것이 전부일지도 모른다. 그러니 깊은 호흡을 위해서는 척추를 버티는 힘이 아니라 최소의 힘만으로 지탱할 수 있는 균형 감각을 찾는 것이 더 중요하게 여겨졌다.

1년 만에 청량골이 저절로 세워지는 것을 경험하고 나니 스스로 안다고 생각했던 것들이 제대로 안 것이 아니었을 수 있다는 자각이 왔다. 그동안 청량골을 세웠다고 하지만 지나고 나서 보니 힘껏 밀어 올리지 않았고, 허리에 있는 대로 힘을 주다 보니 단전에 무게 중심이 제대로 실리지 않았을 뿐 아니라 상체가 앞으로 기울어져 고관절에 압박을 받은 상태로 호흡을 해왔던 것이다.

 실제로 명상을 한 지 반년쯤 지났을 때, 오른쪽 고관절에 무리가 왔었는데, 그 또한 과도하게 허리를 세우고 상체가 앞쪽으로 살짝 기울어져서 생긴 여파였던 것 같다. 미세한 차이지만, 그 자세의 하중이 매일 한 시간씩 쌓인다면 그것은 작은 차이가 아니게 된다. 낙수가 바위를 뚫듯 그 시간이 첩첩이 쌓여 몸에 변형이 올 수밖에 없다. 그러니 호기롭게 시작한 호흡이 몸을 무너뜨리지 않고 제대로 자리 잡히기까지는 돌다리도 두드려보는 심정으로 끊임없이 자세 점검을 해야 할 것이다.

 몸이 완벽한 균형을 이뤄 척추가 꼿꼿하게 서 있으면서도 가슴에 힘을 뺄 수 있는 경지, 그 감각을 맛봐야 한다. 가슴에 힘이 빠질수록 내장 기관도 긴장이 풀리고 호흡이 더 깊고 세밀해진다. 그 감각을 경험하기 전까지는 자기가 어느 부위에 평소 긴장하고 있는지조차 인식하지 못하는 경우가 태반이다. 사랑이 지나가고 나서야 그게 사랑인 줄 알듯이, 긴장이 풀리고 나서야 비로소 스스로 긴장하고 있었음을 자각한다. 그러니 정말로 청량골이 바로 서고 척추가 밀어 올려져 호흡이 깊어지기 전에는 호흡의 묘미를 안다고 말할 수 없을 것이다.

스님은 참선 수행을 40년이나 이어온 지금도 호흡을 하다 보면 어느 날, 자기도 모르게 긴장되어 있던 부위의 힘이 빠지는 것을 경험할 때가 있다고 했다.

"신경 하나의 힘이 빠지잖아? 그러면 몸 전체가 그만큼 릴랙스되면서 얼마나 편안해지는지 몰라. 그 맛을 본 사람은 참선을 놓을 수가 없지."

어쩌면 근육 하나하나가 미세하게 풀리고, 툭 하고 긴장의 끈이 놓아지는 그 감각을 계속 맛보고 음미할 수 있는 것이 수행자가 누릴 수 있는 유일한 특권일지도 모르겠다.

참선을 하다 수마에 빠지는 이유

스님이 자세를 강조하는 데는 이유가 하나 더 있었다.

"혹시 이중에서 명상하다 졸아본 사람 있어요?"

우리는 전부 힘차게 고개를 끄덕였다.

"당연히 있죠. 피곤할 때는 저도 모르게 졸다가 깜짝 놀라서 깨기도 하는 걸요."

"그래, 피곤해서 그럴 때도 있지만, 피곤하지 않아도 청량골을 제대로 세우지 않으면 잠이 와요. 왜 그럴까? 청량골을 세우지 않으면 척추가 굽어지고, 명치가 접혀서 내장 기관이 압박을 받아요. 위장과 췌장이 압박을 받고, 소장과 대장 등 영양분을 흡수하는 기관들도 압박되기 때문에 혈액 공급이 원활해지지가 않겠죠. 그러니 서서히 잠이 오는 거지. 참선할 때 수마에 빠지는 이유는 바로 자세가 바르지 않아서, 즉 청량골을 세우지 않아서 그런 거예요."

"스님, 그럼 반대로 수업을 듣거나 운전할 때 청량골을 똑바로 세우면 잠이 덜 오겠네요?"

"그렇지. 좌선의 최고의 적은 수마예요. 많은 선사들이 좌선을 하다가 수마에 다 나가떨어지고 거기에 속아넘어가요. 일상생활에서도 중요한 일을 하고 있을 때 잠이 온다면 청량골을 세워보세요. 청량골을 세우면 내장 공간이 넓어지고 모세혈관까지 혈액이 공급되면서 오장육부의 세포가 저절로 알아서 활발하게 돌아가요. 청량골 하나 세웠을 뿐인데, 몸이 저절로 알아서 제 역할을 한다니까."

스님은 내친 김에 수마를 이길 수 있는 비법을 하나 더 알려주셨다.

"수마를 이기는 첫 단추는 지금 말한 것처럼 청량골을 세우는 것인데, 두 번째 방법은 호흡의 길이를 조절하는 거야. 보통 인간은 4.5초에서 5초 사이에 숨을 한 번 들이쉬고 내쉬는데, 개는 0.7초에서 0.8초 정도 된다고 해요. 동물들은 대체로 숨을 빨리 들이쉬고 내쉬기에 성정이 포악해요. 반면에 가장 오래 산다는 거북이는 20초마다 한 번씩 숨을 들이쉬고 내쉬죠. 호흡이 더 길고 느려질수록 더 고요하고 편안한 상태로 들어가게 되는 거예요."

호흡의 길이에 따라 성정의 차이가 생길 수 있다니, 흥미로웠다. 호흡이 길어지면 은근히 급한 내 성격도 조금 차분해질까.

"우리가 화두를 들고 호흡을 하면 처음에는 호흡의 길이가 4~5초 정도밖에 안 되지만 점차 호흡의 길이가 늘어나요. 5초, 10초, 20초, 들숨도 20초, 날숨도 20초, 이렇게만 호흡을 하면 큰병 없이 장수무병하게 돼요."

"스님, 들숨 날숨을 각각 20초씩 하는 것이 가능한가요?"

"도교를 하는 사람들은 운동법 자체가 호흡법이라 숨을 들이쉬는 내쉬는 간격이 1분 이상으로, 일반인보다 길어요. 제가 사람들에게 호흡 지도를 해보니까 청량골을 세우고 조금만 노력하면 들숨과 날숨 20초는 금방 되더라고요. 누구나 조금만 노력하면 그 정도는 할 수 있어요. 이렇게 숨이 길어지면 제일 먼저 사라지는 것이 수마입니다. 잠이 없어져요. 호흡을 통해 산소가 많이 들어오고 이산화탄산소가 나가니까 정신이 항상 맑은 거죠.

그러니 좌선을 하면서 수면으로 빠지지 않으려면 호흡의 길이를 늘려야 합니다. 많은 수행자들이 수마에 못 이겨 좌선 정진을 어려워해요. 그런데 좌선을 할 때, 호흡의 길이를 조절할 수 있다면 수마를 벗어날 수 있어요."

호흡의 길이를 조절하는 것만으로 수마에서 벗어날 수 있다니, 한번 시험해봐야겠다는 생각이 들었다. 스님은 설명을 이어 나갔다.

"반대로 4~5초에 한 번 들이쉬다가 1~2초 정도로 호흡이 짧아지면 어떻게 될까요? 바로 수면으로 들어갑니다. 주위에 불면증 있는 사람 있으면 숨의 길이를 1초 정도로 짧게 쉬어보라고 해보세요. 불면증을 쉽게 고칠 수 있을 거예요."

아까부터 듣기만 하던 일행 중 하나가 불쑥 물었다.

"스님, 허리가 안 좋은 사람도 청량골을 세울 수 있을까요?"

"그럼요. 칠불암에 지웅 노스님 상자 분 중에 주공 큰스님이라고 있어요. 지금 태안사에 계신데, 주공 스님께서 아주 오래된 구참이신데 감을 따다가 나무에서 떨어져 척추를 다쳤어요. 그래서 대중과 정진을 잘 못하셨어요. 1970~1980년대에 하안거, 동안거 결재 장부를 짜면 주공 스님은 대중 스님을 찾아가 이렇게 양해를 구했어요. "저는 척추에 문제가 있어 좌선을 못하니

포행 정진하겠습니다." 그리고 입선 스님이 죽비를 딱 치면 그분은 조용히 문을 열고 나가 선방 뒤 추녀 밑을 왔다 갔다 하면서 비가 오나 눈이 오나 행선을 하셨어요. 그런데 그분이 1995년인가 1996년에 선 자세로 철봉대 잡듯이 척추가 완전히 휘는 동작으로 정진을 하셨어요. 제가 알기로 지리산 산청에서 4~5년 정도 정진하셨다고 들었어요. 그리고 나서 이분이 인천 용화사 송담 큰스님을 뵈어야겠다고 찾아온 적이 있어요. 주공 스님이 말씀하시기를 척추가 딱 세워지면 화두는 내면 저 깊은 곳에서부터 아주 힘 있게 올라온다고 했어요. 그것이 『금강경』의 응무소주이생기심應無所住而生其心, 빽빽이 머무른 바 없이 마음이 나온다는 것입니다. 여기 계신 분들도 청량골만 세우면 수마를 이길 수 있고 잡념의 90%가 사라질 거예요."

청량골을 세우고 오래 앉아 있는 방법

"스님, 저는 허리 힘이 약해서 그런지 30분만 가부좌로 앉아 있어도 허리가 굽어져요. 청량골을 어떻게 해야 잘 세울 수 있을까요?"

내가 묻자 스님이 와서 당신의 척추 근육을 만져보라고 하셨다. 등에서 허리로 이어지는 척추의 근육을 눌러보았다.

"어때요?"

"척추가 말랑말랑하네요."

"그렇죠?"

"내 척추는 누르면 말랑말랑합니다. 왜냐, 척추에 긴장을 빼고 앉아 있기 때문이에요. 사람들이 착각하는 게, 청량골을 세우고 앉아 있으라고 하면 척추에 힘을 있는 대로 주고 꼿꼿하게 앉아 있으려고 한다는 거예요."

스님은 척추를 세우고 앉는 데도 요령이 필요하다고 말씀하셨다. 청량골을 세우겠다고 척추에 힘을 바짝 주고 앉아 있으면 20분만 지나도 척추가 경직돼 자세를 유지하기 힘들어진다. 그 자세로 두세 시간 앉아 있을 수도 없거니와 설사 오기로 앉아 있는다 해도 참선이 되는 게 아니라 오히려 병이 된다는 것이다.

"오랫동안 청량골을 세우고 앉아 있으려면 척추에 물리적인 힘을 주는 게 아니라 척추 뼈 주변 근육의 힘을 길러야 해요. 그러면 척추에 힘을 빼도 뼈대가 잘 서 있게 되겠죠?"

스님의 주문은 쉬운 것 같으면서도 어려웠다.

"좌선을 하고 앉아 있는 수행자들은 대부분 청량골을 잘 세우고 있다고 생각하는데, 내가 봤을 때 이미 자세에 변형이 온 사람들이 많아요. 안타깝게도 청량골이 내려가면 무릎 관절이 서서히 틀어져 버려요. 그러니 이걸 원점으로 되돌리면서 청량골을 세우고 좌선을 해야 합니다."

스님은 청량골을 세우지 못하는 이유의 80%는 허리힘이 없어서라고 진단했다. 물론 장에 문제가 있어도 청량골을 세우기 어렵다고 한다. 청량골을 안쪽으로 바짝 당기고 척추만 꼿꼿하게 세우고 앉으면 되는 줄 알았는데, 자세를 잡는 것도 훈련이 필요할 듯했다. 내 마음을 읽었는지 스님이 말씀하셨다.

"사실 자세가 완전히 잡히기 전까지는 청량골을 세워서 좌선을 한다는 것이 생각보다 쉽지 않아요. 청량골을 세우는 것은 우리 수행자들이 죽을 때까지 해야 되는 숙제인 셈이지요."

가슴을 펴고 앉는다는 것

스님의 첫 번째 가르침을 새기며 우리는 한 시간의 참선으로 들어갔다. 단전에 무게 중심이 가는 자세를 찾는 데 시간이 걸렸지만 자세를 찾고 나자 어느 때보다 편안한 자세로 시간을 흘려보낼 수 있었다. 시골의 여름날이 점점 무르익고 있었다.

얼마나 지났을까. 스님의 경책 소리에 눈을 떴다.

"어떤가요?"

"집에서 할 때보다 훨씬 고요하고 깊이 들어간 것 같아요."

"좋아요. 참선 수행을 할 때 성성적적惺惺寂寂하게 앉아 있으라는 말을 들어봤을 거야. 성성적적이라 함은 무엇이냐, 고요하고 고요한 가운데(寂寂) 멍함(혼침昏沈)에 빠지지 말고, 항상 또렷하게 깨어 있어 산란함(도거掉擧)에도 빠지지 말라는 말이야.[4] 이렇게 성성적적하게 앉아 있기 위해서는 자세가 굉장히 중요해요. 척량골을 세우고 가슴을 활짝 펴고 앉아야 하는데, 척량골을 세우고 바르게 앉으라고 하면 사람들은 "스님, 척량골을 세우니까 허리가 아픕니다.", "고관절 근육과 대퇴부 근육이 당깁니다.", "명치와 장이 긴장이 되어서 소화가 잘 안 됩니다." 이렇게 호소해요. 문제는 그런 증상 때문에 정형외과 재활치료센터에 가면 거기서는 또 절대 허리를 펴면 안 된다고 주의를 준다는 거예요. 의사들은 인간의 척추가 원래 S자로 되어 있어서 자연스럽게 휘어지는 게 정상인데, 억지로 척추를 펴면 몸에 무리가 온다고 말해요. 의사들이 이렇게 조언하니까 사람들은 좌선을 할 때 허리를 곧게 펴려고 하지를 않아요. 허리를 구부린 자세가 인체공학적으로 가장 편안한 자세라는 의사 말을 충실히 따르는

---

[4] 즉 사마타 수행에 해당하는 지(止;定)와 위빠사나 수행에 해당하는 관(觀;慧)을 함께 닦으라는 말이다. 성성惺惺은 관慧(관조觀照;사방으로 비추어 보는 것)에 해당되며, 적적寂寂은 지止(번뇌, 망상이 일어나지 않게 함)에 해당한다. 특히 스님의 호흡법은 호흡과 화두가 서로 미세하게 조율돼야 성성적적할 수 있다고 가르치고 있다. 스님은 호흡은 성성이고, 화두는 적적이라, 몸(호흡)과 마음(화두)의 센서가 동시에 작동해서 서로 조화를 이뤄야만 성성적적의 경지에 이를 수 있다고 하셨다.

거야. 하지만 우리가 좌선을 통해 성성적적한 상태로 들어가기 위해서는 청량골을 세우고 가슴을 활짝 펴야 합니다. 그러지 않는 것은 좌선에서 자격 미달이에요."

 참선의 깊은 경지에 들어가려면 무엇보다 자세가 바르게 잡혀야 한다. 골프를 할 때도, 헬스를 할 때도 마찬가지다. 처음에 자세를 잘 잡아두지 않으면 실력이 늘지도 않을뿐더러 몸이 망가진다. 잘못된 것을 알게 됐을 때 돌이키기도 쉽지 않다.

 참선도 마찬가지다. 누구나 수행 초기에는 허리를 꼿꼿하게 세우고 앉아 좌선을 하지만 세월이 흐르면 반듯했던 허리가 서서히 굽어지고 몸이 틀어져 자세로 인한 수행 병에 시달리게 된다. 처음 시작할 때부터 자세를 바로 잡아주지 않으면 나중에는 정진을 하고 싶어도 몸이 따라주지 않는다.

 스님은 호흡이 되어야 바른 자세가 나올 수 있다고 몇 번이나 강조하시면서 우리를 배웅해주셨다. 간만의 여행이라 피곤했던 걸까. 돌아오는 버스에서는 누구 하나 할 것 없이 곯아떨어지고 말았다.

좌선에 좋은 스님의 동작 두 가지

 참선을 할 때, 척추를 세우고 앉아 있으면 한 시간이고 두 시간이고 거뜬하게 앉아 있어야 합니다. 사실 호흡을 제대로 하면 몸과 마음이 미세하게 교류하면서 성성적적하게 느끼는 센서가 발동하게 되고, 그럴 때 척추는 자연스럽게 세워집니다. 그런데 근력이 부족한 초심자들은 청량골을 세우고 척추에 힘을 주고 앉아 있다 보니 허리와 가슴 근육에 무리가 가기 쉽습니다. 그 상태로 호흡을 하면 명치가 굳어 버릴 수 있으니 주의해야 합니다.

 좌선뿐만이 아니라 단전호흡이나 복식호흡을 하다 병이 왔다는 분들도 간혹 있습니다. 그런 분들은 호흡을 하기 전에 먼저 몸을 단련해야 합니다. 몸에 기운이 없어서 병이 온 것이기 때문입니다.

 좌선을 하기 전에 근육을 먼저 단련하는 방법으로 요가 동작 두 가지를 추천하도록 하겠습니다. 만약 참선을 하다 몸이 틀어지고 청량골이 세워지지 않는다면 3년 정도 요가를 꾸준히 하면서 틀어진 관절과 허리 힘이 돌아오도록 해야 합니다. 좌선을 할 때 명치나 허리가 아프거나 가슴이 열리지 않는 분들도 요가를 보조로 하면서 몸을 단련시켜 주시기 바랍니다.

그럼 좌선할 때 좋은 요가 동작을 알려드리도록 하겠습니다.

양 팔 올리고 호흡하기

가부좌로 앉은 상태에서 양 팔을 위로 쭉 올리세요. 그러면 횡격막과 갈비뼈가 벌어지죠? 이 상태에서 편안하게 들이쉬고 내쉬는 동작을 열 번 반복합니다. 팔을 내릴 때는 손바닥을 바깥으로 해서 천천히 내리세요.

열중쉬어 자세로 호흡하기

두 번째는 열중쉬어 자세로 호흡을 하는 것입니다. 손을 등 뒤로 보내 열중쉬어를 하면 자연히 가슴이 벌어집니다. 이 자세로 편안하게 호흡을 합니다. 이때 청량골을 곧게 세우고 호흡을 해야 하며, 자세를 풀 때는 천천히 풀어줍니다. 이 동작을 열 번 반복합니다.

이 자세로 호흡을 할 때 호흡이 평소와 어떻게 다른지 보세요. 단전호흡, 복식호흡은 가슴이 벌어지지 않고는 작동이 안 됩니다. 그래서 청량골을 세우는 것입니다. 청량골을 세우면 가슴이 저절로 펴집니다.

척추를 세우는 노하우

 사실 초심자가 척추를 세우는 것은 생각만큼 쉬운 일이 아닙니다. 이 자세가 의지만으로 되는 것도 아닙니다. 이번에는 좌선을 할 때 척추를 세우는 노하우를 알려드리겠습니다.

앞가슴에 힘 빼기

 초심자가 척추를 바로 세우고 앉으면 어깨에 힘이 들어갑니다. 어깨에 힘이 들어가면 긴장을 하게 되고, 자기도 모르게 위장에도 힘이 들어갑니다. 보통 좌선을 하면 3년을 노력해야 비로소 척추가 세워지면서 오장육부에 힘이 빠진다고 합니다.

 청량골을 세운 상태에서 가부좌로 앉아 있을 때, 척추와 골반 부위 근육에만 힘이 들어가고 오장육부에는 힘이 다 빠져야 합니다. 그래서 어떤 분들은 앞가슴에 힘을 빼라고 말하기도 합니다. 척추를 세운 상태에서 앞가슴에 힘을 빼보세요. 그러면 근육이 움직이죠. 그 근육을 바로 세웠다가 다시 힘을 빼보세요. 바로 섰다가 힘이 빠지는 근육, 찾았습니까? 척추를 세웠을 때 앞가슴에 힘이 들어가면 힘을 빼주십시오. 힘을 빼면 그 부위로 기운이 모입니다. 모이면 또 가슴을 펴주고 오므리기를 반복합니다. 앞가슴이 나왔다 들어갔다 하는 동작을 열심히 해주세요. 이 동작을 하면 폐도 좋아지므로 꾸준히 일 년쯤 하면 얼굴에 광채가 날 것입니다. 이게 안 되면 나중에 앞가슴에 통증이 오게 되니 반드시 해주기 바랍니다.

척추 교정 자세

  이번에는 서서 하는 동작입니다. 일어서서 왼발을 앞에 두고 오른발을 뒤에 둔 자세로 서서 태극권 하듯이 무릎을 구부립니다. 이때 왼발 발가락을 몸의 안쪽으로 15도 정도 모아줍니다. 척추를 세우고 두 손을 들고 15분 정도 자세를 유지하면 척추가 저절로 교정이 됩니다. 다리를 안으로 감아 넣었기 때문에 골반도 저절로 교정되는 자세입니다. 평소에 팔자걸음으로 걸으면 발이 벌어지기 때문에 골반이 뒤로 빠집니다. 모델들이 걸을 때 발가락을 안으로 돌려 일자 걸음으로 걷는 것을 보셨을 겁니다. 이처럼 발끝을 안쪽으로 넣으면 근육이 안으로 돌아들어 가면서 골반을 바로잡아줍니다.

스님의 호흡법의 자세한 동작을
더 알아보고 싶다면

두 번째 가르침

두 번째 가르침

횡격막 호흡을 하라

수행자의 호흡과 일반인의 호흡

주말의 수락산역. 휴일을 맞아 근교로 나온 등산객들이 알록달록한 등산복을 입고 지하철역 입구에 삼삼오오 모여 있었다. 우리는 동행을 기다리는 등산객들을 지나 호젓한 산길로 접어들었다.

"명상을 하다 보면 호흡이 잘 안 될 때가 있어. 그럴 땐 몸을 움직여주고, 숨이 찰 만큼 깊은 호흡을 할 수 있는 육체 활동을 해주는 게 좋아."

스님이 알려주신 호흡법을 시작한 지 6개월째, 요즘 명상이 지지부진하고 매너리즘에 빠진 것 같다고 했더니 지인이 산행을 제안했다. 명상을 시작하고 나서 폐활량을 늘리기 위해 동네 뒷산에 오른 적은 종종 있지만 산행다운 산행은 오랜만이었다. 계절이 지나가는 산자락에는 엷은 햇빛이 가득했다. 푸른 나뭇잎 사이로 빗금을 그리며 내리 꽂히는 햇살과 숲 내음에 기분이 금세 상쾌해졌다. 우리는 호흡에 집중하면서 완만한 오르막길을 올랐다.

  스님이 전수해준 두 번째 가르침은 호흡이었다. 보통 인간은 음식을 먹지 않고도 한 달을 버틸 수 있고, 물을 마시지 않고 일주일은 견딜 수 있다고 한다. 하지만 숨을 쉬지 않고는 3분을 버티기가 어렵다. 그만큼 호흡이 중요하다. 하지만 스님은 대부분의 사람들이 본능적으로 숨을 쉴 뿐, 자기 호흡을 진지하게 의식하는 이는 많지 않다고 하셨다.
  "오페라 가수들은 노래를 잘 부르기 위해서 호흡법을 배우죠? 프리 다이버도 물속에 오래 있으려면 특별한 호흡 훈련을 해야 해요. 무술인도 특정한 기술을 연마하기 위해서 호흡법을 배우고 마라톤 선수도 기록을 경신하기 위해서 호흡법을 훈련해요. 이처럼 삶에서 원하는 것을 얻으려면 그에 맞는 호흡법을 배워야 합니다."

특별한 능력을 원하는 사람들만이 아니라 모든 사람들이 호흡을 의식하며 살아야 한다는 스님의 말씀이 흥미로웠다.

"스님, 그럼 수행하는 사람들과 일반인의 호흡이 다른가요?"

스님은 고개를 끄덕였다.

"수행자의 호흡과 일반인의 호흡은 출발부터가 달라요. 수행자의 호흡은 화두를 보는 호흡이에요. 삶의 이치를 통찰하고 자신의 소명을 발견하고 현실에서 그것을 이룰 수 있는 힘을 갖기 위해 절치부심으로 호흡을 해요. 반면 일반인들은 어떤가요? 기껏해야 건강과 장수를 위해서 혹은 그저 생명을 유지하기 위해 호흡을 할 뿐이에요. 모르긴 몰라도 살면서 자기 호흡을 의식하며 사는 사람도 많지 않을 거예요."

출발이 다르면 종착지가 다를 수밖에 없다. 스님은 일반인들이 공기의 고마움을 모르듯이 호흡의 가치도 모르고 산다고 말씀하셨다.

"그렇다면 수행하는 사람들의 호흡법은 어떻게 다른지 궁금합니다."

내가 물었다. 수행하는 사람들에게 단전으로 기를 모으는 호흡이 꽤나 보편적이기에 나는 스님이 으레 단전호흡을 언급할 줄 알았다. 그런데 스님은 의외로 횡격막 호흡을 강조하셨다.

"첫 번째 가르침에서 자세를 강조한 건 자세가 발라야 깊은 호흡을 할 수 있기 때문이에요. 그런데 실은 바른 자세는 의지로 되는 게 아니라 호흡이 돼야 비로소 얻어지는 거예요. 따라서 수행하는 사람들은 횡격막 호흡을 해야 합니다."

"횡격막 호흡이요?"

집 근처 문화센터에서 가곡을 배울 때 횡격막을 쓰라는 말은 들어봤지만 좌선을 할 때도 횡격막 호흡이 필요하다는 말은 처음 들었다.

"그래요. 대부분의 사람들은 호흡을 할 때 폐가 숨을 쉰다고 생각해요. 그런데 실은 폐가 숨을 쉬는 게 아니라 횡격막을 움직여서 호흡을 하는 거예요. 그러니 좌선에 필요한 호흡, 즉 화두를 보는 호흡을 하기 위해서는 반드시 횡격막의 원리를 알아야 해요. 여기 횡격막이 어디 있는지 아는 사람?"

횡격막의 위치가 갈비뼈 아래인가? 아니면 상복부? 살면서 횡격막의 위치를 궁금해해본 적이 한 번도 없었다는 사실이 문득 떠올랐다. 스님은 그럴 줄 알았다는 듯이 다시 물었다.

"그럼 횡격막이 어떻게 움직여서 호흡이 되는지 아는 사람?"

일동 침묵.

"아무도 없는 것 같으니 먼저 횡격막에 대해서 설명하고 넘어가야겠군요. 횡격막은 가슴과 배를 나누는 근육으로 된 막이에요. 횡격막 위쪽은 가슴이고, 아래쪽은 배로 구분되죠. 가로로 그어진 막이라서 가로막이라고도 해요. 횡격막은 포유류만 가지고 있는 막인데, 이 횡격막의 상하운동으로 호흡이 이루어지는 거예요."

스님은 주사기 피스톤을 당기는 시늉을 했다.

"이렇게 주사기 피스톤을 당기면 공기가 들어오잖아요. 마찬가지로 횡격막이 아래로 당겨지면서 외부에 있는 산소가 폐로 들어오고 횡격막이 쪼그라들면서 폐에 있는 이산화탄소가 몸 밖으로 나가는 거예요."

뇌세포를 깨우는 횡격막 호흡의 원리

말하자면 횡격막은 우리 몸에서 호흡이 들어오고 나가는 펌프 역할을 하는 셈이다.

"폐는 그저 공기주머니에 불과해요. 폐의 크기가 25cm라면 공기주머니가 20cm 정도 되려나. 우리 몸에는 공기주머니보다 좀 더 큰 폐가 좌우로 하나씩 있는데, 그 안에 허파 꽈리라는 공기주머니가 있어요. 폐는 양쪽 두 개 다 해봐야 용량이 약 6백~7백 그램밖에 안 돼. 이 작은 폐로 1분에 얼마나 많은 공기를 들이마시는지 아나요?"

 스님의 설명에 따르면 1분에 약 7리터의 공기가 폐로 드나든다고 한다. 한 시간으로 치면 420리터, 하루에 1만 리터의 양이다. 즉 우리는 하루에 5톤 물탱크 두 개 분량이 넘는 공기를 들이쉬고 내쉬는 셈이다. 실로 엄청난 양이었다.

 우리가 숨을 정확하게 들이쉬고 내쉴 때, 혈액의 산소가 우리 몸에 충분히 전해져 뇌의 활동이 최대치가 된다고 스님은 말씀하셨다.

 "인간이 평생 뇌의 10프로 정도밖에 쓰지 못하고 죽는다고 하잖아요. 이 말이 과학적 근거가 있는 건 아니지만, 인간이 가진 잠재력을 100% 활용하지 못하고 있다는 점에서는 일리가 있어요. 왜 그럴까? 뇌세포를 깨울 수 있는 호흡을 하지 않기 때문이에요. 뇌세포를 깨우려면 횡격막을 써서 숨을 최대한 깊고 느리게 들이마셔야 해요."

 스님의 설명을 통해 좌선이란 단순히 결가부좌로 앉아서 호흡을 하는 것이 아니라 청량골을 세우고 가슴을 편 상태로 앉아서 횡격막 호흡을 하는 것이라는 사실이 분명해졌다. 스님의 설명은 막연하게만 알고 있던 호흡에 구체성을 불어넣어 주었다. 선문답처럼 두리뭉실하게 정보를 던져주고 스스로 시행착오를 겪으면서 터득하게 하는 게 아니라 구체적이고 체계적인 방식으로 설명해주는 점이 좋았다. 논리적으로 납득이 가야만 받아들이는 현대인들에게 적합한 가르침이라는 생각이 들었다.

스님은 호흡이 완벽하게 될 때 뇌세포가 활발하게 움직여 인간이 가진 잠재력을 최대치로 끌어올릴 수 있다고 하셨다. 그러기 위해서는 횡격막을 움직여 가능한 한 크고 깊은 숨을 들이쉬고 내쉬는 호흡법이 먼저 체화되어야 한다.

실제로 느리고 깊은 호흡은 우리 몸의 산소 포화도를 높인다는 연구 결과가 있다. 산소 포화도란 혈액 속에서 헤모글로빈과 결합된 산소량을 의미하는데, 산소포화도가 높을수록 우리 몸에 산소 공급이 원활해진다. 산소 공급이 원활해지면 뇌기능과 면역력, 체력 등에 긍정적인 영향을 미친다. 따라서 깊고 느리게 호흡하면 우리 몸에 산소가 더 많이 공급되어 뇌기능 개선에 도움을 준다.

"스님, 저는 횡격막 호흡이 잘되지 않는 것 같아요. 횡격막 호흡을 하는 데 도움이 되는 방법이 있을까요?"

일행 중 하나가 물었다.

"사실 초보자들이 처음부터 횡격막 호흡을 잘하기는 어려워요. 일상에서 횡격막을 단련할 수 있는 방법이 하나 있긴 있는

데…."

"뭔가요? 그게?"

우리는 귀를 쫑긋 세웠다.

"혹시 세계적인 장수마을의 최고 입지 조건이 뭔지 알아요?"

스님은 늘 그렇듯 답을 알려주는 대신 질문을 하셨다.

몇 년 전에 하버드 성인발달연구팀에서 행복하게 장수하는 사람들의 비결을 추적 연구한 적이 있었다. 장장 75년의 추적 조사 끝에 얻은 결론은 예상외로 단순했다. 인간이 행복하고 건강하게 살아가는 비결은 좋은 인간관계를 맺는 데 있었다. 그러니 장수 비결도 의외로 단순한 데 있을 것 같았다.

"바로 경사가 있는 곳에 사는 거예요. 너무 급경사도 아니고 모든 생활이 4도에서 5도 정도 되는 완만한 오르막에서 이루어지는 곳. 그런 곳에 살면 마실을 가든 밭을 갈러 가든 평생 오르막을 오르내려야겠지."

스님이 정착해 있는 개금마을이 딱 그런 곳이었다. 완만한 경사 위에 1만 평의 농지가 펼쳐져 있어 농사를 짓는 것만으로 저절로 횡격막 호흡이 되는 곳. 스님이 아무 생각 없이 이곳에 정착한 게 아니라는 생각이 들었다.

"왜 오르막을 걷는 게 장수 비결인지 알아요? 오르막을 걸을 때 횡격막이 움직이기 때문이야. 즉 횡격막을 단련하는 가장 좋은 방법은 오르막을 오르는 거란 말이지."

고로, 일상에서 횡격막을 단련하는 가장 좋은 방법은 등산이었다.

"요즘 사람들, 웰빙이다 뭐다 해서 등산 많이 하잖아요. 등산할 때 오르막을 올라가면 호흡할 때마다 갈비뼈가 움직여요. 갈비뼈가 움직일 때 그 밑에 있는 여섯 개의 근육이 동시에 움직이는데, 그때 횡격막 호흡이 잘돼. 완만한 경사가 있는 산을 3개월만 꾸준히 타봐. 횡격막 운동이 절로 된다니까."

실제로 스님은 1990년대에 내소사 옆 월명암에 있을 때, 지게를 지고 산을 오르내리며 정진한 적이 있었다고 한다.

"지금은 모노레일을 깔아서 지게를 지고 갈 필요가 없는데, 그때 맨몸으로 올라가도 30분은 족히 걸리는 거리였어. 그 길을 지게를 지고 가니까 중간에 쉬었다 가면 한 시간에서 한 시간 20분이 걸리는 거야. 그런데 그 길을 매일 왔다 갔다 했더니 나중에는 30~40분 만에 돌파할 수 있게 됐어요. 그래도 숨이 차지 않더란 말이지. 오르막을 올라가는데 숨이 차지 않고 편안하다? 그러면 횡격막이 발달했다는 뜻이에요."

스님 말씀에 의하면 보통 사람들은 얕은 호흡을 하기 때문에 횡격막 근육의 두께가 0.5mm 정도밖에 되지 않는다고 한다. 반면 수영 선수나 기공 수련자의 횡격막 근육 두께는 1~1.5cm에 달한다고 한다. 스님은 산을 타거나 요가 같은 운동을 꾸준히 해주면 횡격막 근육이 두꺼워져 들숨과 날숨에 힘을 받을 수 있다고 하셨다.

편안한 호흡만으로는 안 된다

거칠어졌던 호흡이 산 중턱쯤 이르자 점점 안정을 찾아갔다. 러너스 하이처럼 등산을 할 때도 호흡이 한계를 넘어가면 어느 순간 편안해지는 단계가 온다. 지인은 등산을 할 때 숨이 턱까지 차는 순간의 호흡을 기억해두라고 했다. 좌선을 할 때도 그 호흡의 크기만큼 숨을 들이쉬고 내쉬어야 하기 때문이다.

스님도 횡격막 호흡을 할 때 최대한 깊게 숨을 들이쉬면서 가슴까지 압박하는 호흡을 하라고 하셨지만, 나는 그때까지도 무리하게 호흡하면 안 된다는 고정관념을 갖고 있었다.

예전에 단전호흡을 할 때 무리하게 호흡을 하다 보면 부작용이 생길 수 있고 심하면 주화입마에 빠질 수도 있다는 주의를 들었던 것이다. 욕심을 내지 않고 최대한 자연스럽게 내 몸에 맞는 호흡을 해야 한다고 생각했다.

이는 내 성정의 특징이기도 할 텐데, 나는 무슨 일이든 무리하게 진행하지 않으려는 경향이 있었다. 성격상 밤을 새워서 밀린 프로젝트를 하거나 마감이 빠듯하게 정해진 일을 추진하는 것처럼 에너지를 한 번에 크게 쏟아 내는 일을 힘들어했다. 이런 삶의 태도는 호흡에도 그대로 적용되어서 최대한 깊게 하는 호흡조차도 스스로를 한계까지 밀어부치지 못하고 적당히 편안한 상태를 유지하고 있었던 것이다. 삶의 태도가 호흡에도 고스란히 드러나는 셈이었다.

그러다 보니 호흡을 하는 시간이 편안하고 안정적이었지만, 그 이상의 눈에 띄는 변화는 일어나지 않았다. 물속처럼 고요하게, 그렇지만 시간이 갈수록 점점 더 침잠하는 느낌이었다. 좌선을 하고 앉아 있으면 정신이 맑아지고 또렷해지던 호흡 초기와는 달리 수마에 빠져들거나 멍한 상태로 있는 날이 늘어 갔다. 지인이 등산을 제안한 것도 그 때문이었다.

아닌 게 아니라 스님은 편안한 호흡만으로는 안 된다고 누누이 강조하셨다.

"왜 편안한 호흡을 하면 안 되나요?"

내가 반문하자 스님은 단호하게 말씀하셨다.

"많은 사람들이 명상을 하면서 편안하고 고요한 상태에 머무는 경향이 있어요. 그렇게 해서 몸에 변화가 있을까? 화두를 보면서 최대한 크게 호흡을 해야 안에서 호흡 센서가 작동한다는 호흡의 핵심 원리를 이해해야 해요. 최대한 깊게 호흡을 하면서 호흡으로 온몸을 마사지해줘야 몸에 변화가 생기지, 편안한 호흡만으로는 안 돼요."

스님은 잘라 말했다. 그러면서 좌선하는 사람들이 주의해야 할 것이 있다고 말씀하셨다. 바로 무기공에 빠지는 일이었다.

"없을 무無에 일어날 기記, 무기공無記空. 공에만 집착한 나머지 모든 생각이 다 끊어져 버리고 고통도 없고 생각도 없는 상태로 빠지는 거예요. 이게 바로 아무 생각 없이 그저 편안한 상태인데, 사람들은 이 상태가 좋은 줄 알고 자꾸 거기 머물려고 해요. 화두 수련을 하면서 몇 시간이고 시간 가는 줄 모르고 앉아 있다고 해서 다 좋은 게 아닌데, 자기는 공부가 잘되는 줄 알고 착각을 하는 거야. 이런 상태에서는 아무리 죽자고 애를 써도 헛일이라고 인천 용화사 송담 큰스님은 말씀하셨어요."

스님은 화두를 들고 호흡을 할 때 아무 생각 없이 멍 때리는 게 아니라 꽉 찬 느낌이 있어야 한다고 하셨다.

"금강경에서 응무소주 이생기심應無所住 而生其心이라고 했지요. 뻑뻑이 머무는 바 없이 마음을 내라는 소리예요. 편안한 상태에

안주하는 것이 아니라 머문 바 없이 안에서 화두가 계속 나오는 상태를 유지하는 거예요."

스님은 화두를 들고 앉아 있으면 물속처럼 고요한 상태가 아니라 고요하면서 성성한 상태, 즉 아무것도 없는 것 같지만 꽉 찬 상태를 경험하게 된다고 하셨다.

"색즉시공 공즉시색色卽是空空卽是色. 화두만 들고 있으면 꽉 찬 것 같으면서 그 안에서 공이 나와요. 성성적적. 적적한 가운데서도 성성함이 오롯이 있다. 그런데 일반 사람들은 그저 적적하기만 할 뿐, 그저 공이기만 할 뿐, 그 안에 꽉 찬 것이 없는 상태, 생명력이 없는 상태, 눈을 감고 그저 편안한 상태에 머물려고 해요."

적적한 가운데서도 성성한 상태를 맛보려면 호흡이 크고 깊어져야 한다. 도끼 썩는 줄 모르고 세월아 네월아 앉아 있는 신선처럼 고요한 상태에 마냥 머물기만 해서는 안 된다. 그건 무기공일 뿐이다. 그래서 스님은 할 수 있는 한 크고 깊고 호흡을 하라고 몇 번이나 강조하셨다.

나는 그 말을 듣고서야 편안한 호흡에 머물지 않고 더 크고 깊게 호흡하면서 깨어 있으려고 노력하게 되었다. 때로는 의식적으로 깊은 호흡을 하려고 해도 몸이 말을 듣지 않을 때도 있고,

용을 쓰며 깊은 호흡을 해도 수마가 밀려올 때도 있었다. 그러나 그런 과정을 거치면서 조금씩 호흡이 깊어지고 길어지면서 점차 고요가 찾아들었다. 깊은 물속처럼 적적한 고요가 아니라 맑게 깨어 있으면서도 밀도감 있는 성성한 고요가. 아마 호흡을 한계까지 계속 밀고 나가지 않았다면 맛보지 못했을 경지일 것이다. 어쩌면 자신의 삶의 태도나 습관을 넘어가는 것도 호흡 수련의 한 과정일지 모른다는 생각이 들었다.

1시간 반쯤 걸었을까. 수락산의 작은 봉우리에 이르자 거칠어졌던 호흡이 한결 편안해졌다. 우리는 그늘에 앉아 잠시 쉬기로 했다.
"일주일에 한 번이라도 등산을 하면 호흡을 하는 데 훨씬 도움이 될 것 같아."
"네. 앉아서 호흡만 하다 보면 평소 하던 습관대로만 호흡을 하게 되는데, 산행을 하고 나서 호흡을 하면 호흡이 훨씬 더 깊어지는 것 같아요."
담소를 나누며 가져온 간식을 먹는데, 나뭇잎 사이로 불어온 바람이 이마의 땀을 식혀주었다.
"그럼 슬슬 내려가 볼까?"

"네."

오늘 산행의 목적은 수락산을 종주하는 것이 아니라 횡격막 근육을 단련하는 것이었다. 우리는 적당한 곳에서 휴식을 취하고 왔던 길을 되돌아 내려왔다. 횡격막 근육이 조금 더 두꺼워졌기를 바라며.

나이 든 사람들을 위한 횡격막 단련법

횡격막을 단련하기 위해 등산을 해주는 것이 좋다고는 하지만, 나이가 들어 등산이 쉽지 않은 이들에게는 쉬운 일이 아니다.

"그렇지. 스님들도 그래요. 수행을 하는 스님들이 이젠 더 이상 젊지가 않아. 실제로 50~60대 중년을 넘어선 수행자들이 횡격막을 단련해보겠다고 등산을 너무 많이 하면 관절에 무리가 가서 오히려 좋지 않아요. 그러니 각별히 주의해야 해요."

스님이 주의를 주었다.

"그럼 저희 같이 나이 든 사람들은 어떻게 해야 하나요?"

나이가 제일 많은 일행이 볼멘소리를 했다. 스님은 망설이지 않고 말했다.

"우리에겐 좌선이 있잖아요. 좌선을 할 때 숨을 쉬지? 그러면 저절로 횡격막 운동을 하는 거야. 횡격막 호흡을 의식적으로 할 필요도 없어. 좌선을 하면서 화두를 들면 몸이 알아서 횡격막을 늘렸다 줄였다 해. 그러면 등산하는 것과 같은 효과를 볼 수 있어요."

"하지만 스님, 등산할 때의 호흡과 좌선할 때의 호흡은 강도가 다르지 않나요? 저는 좌선할 때 등산할 때처럼 거친 호흡이 나오지는 않던데요?"

내가 반박했다.

"등산할 때처럼 거친 호흡을 할 필요는 없어요. 산행을 할 때는 호흡이 격렬해져요. 그럴 때 뇌파를 측정해보면 뇌파가 4~5초 간격으로 강하게 움직여요. 그런데 참선할 때는 같은 호흡을 해도 최대한 길고 느리게 호흡을 하기 때문에 뇌파가 거의 정지한 듯 고요해요. 그게 산행과 참선의 호흡 차이야."

스님은 뇌파가 정지한 듯한 상태가 바로 참선에서 말하는 정精의 상태에 들어간 거라고 하셨다.

"우리가 정진할 때 쓰는 정 자가 무슨 정 자인지 알아요? 보통 바를 정正 자를 쓴다고 생각하는데, 아니야. 미세할 정精 자야. 그러니 참선은 바르게 하는 게 아니고 미세하게 하는 거예요. 미세하게 정진을 하려면 호흡이 미세해야 돼. 미세하게 하려면 횡격막을 써야 하고. 그러니 수행하는 사람들은 호흡을 의지대로 조절하기 위해서라도 횡격막을 꼭 단련해야 해요."

 문제는 우리가 지금까지 횡격막을 내버려두고 얕은 호흡을 해왔다는 사실이다. 그러니 횡격막 근육이 얇을 수밖에 없고 호흡을 잡아주는 힘이 없으니 호흡이 미세해지기도 어렵다.

 "횡격막을 단련하려면 등산을 할 때 숨이 턱까지 닿을 정도로 숨을 깊게 쉬는 것처럼 좌선할 때도 호흡을 크게 하면서 길이를 점점 늘려가야 해. 헬스장에서 근육 운동할 때 자기 페이스보다 살짝 과부하를 주어야 근육이 만들어지는 것, 다들 알죠? 호흡도 마찬가지야. 호흡의 길이를 조금씩 늘려가다 보면 횡격막이 이완, 수축, 이완, 수축을 계속하면서 횡격막 근육이 조금씩 두꺼워져요. 그러니 지금 하는 호흡에 만족하지 말고 호흡의 길이와 크기를 계속 늘려가도록 하세요."

 "스님, 저는 명상을 한 지 5년이 넘었는데도, 횡격막 근육이 단련되고 있는지 잘 모르겠어요."

 일행 중 하나가 말했다.

 "횡격막 근육이 단련됐는지 알고 싶으면 숨을 들이마시고 가만히 있어 봐요. 숨을 잡고 있는 근육이 바로 횡격막 근육이에요. 숨을 참을 수 있다는 건 근육이 공기주머니를 잡고 있다는 뜻이에요. 그러니 횡격막에 힘이 있는 사람은 숨을 들이쉬고 나서 가만히 있으면서 숨을 오래 참을 수 있어. 반면에 횡격막이 약하면 숨을 오래 참고 싶어도 호흡을 붙들지 못하고 바로 놔야 되지. 자, 지금부터 호흡을 할 때 숨을 얼마나 오래 붙들고 있을 수 있는지 한번 체크해보세요. 만약 들숨은 잘 되는데 날숨이 길게 안 된다? 그 또한 횡격막 근육이 약한 거야. 어때? 내쉬는 숨이 편해요? 들이쉬는 숨이 편해요? 1분의 시간을 줄 테니 한번 관찰해보세요."

느닷없이 1분의 시간이 주어졌다. 우리는 서둘러 가부좌를 하고 앉아 각자의 호흡에 집중했다. 횡격막을 늘였다 줄였다 하면서 숨을 최대한 들이쉬고 참았다가 다시 내쉬고 참았다.

날은 환하고 선방은 금세 여름 오후의 고요 속으로 빠져 들어갔다. 숨을 들이쉬고 멈출 때 진공 상태에 있는 것처럼 몸이 가벼워졌다. 내 경우엔 들이쉬고 멈추는 것보다 내쉬고 멈추는 게 더 어려웠다. 내쉬는 숨을 붙드는 횡격막 근육이 아직 덜 발달한 탓일 것이다. 사람마다 차이는 있겠지만 원리는 같다. 자신에게 약한 근육을 꾸준히 단련시켜나가면 된다.

스님은 60~70세가 넘어가면 횡격막 근육을 더 이상 단련하기 어렵다고 했다. 그러니 지금부터 열반에 들 때까지 열심히 호흡법에 정진해야 한다고 당부하셨다.

정精의 상태로 들어가는 호흡법

"이번에는 횡격막을 정확하게 움직이면서 숨을 지켜보세요. 횡격막이 정확하게 움직이면 들숨과 날숨의 간격이 같아져요. 들이쉬는 것이 30초면 내쉬는 것도 30초. 숨이 점점 길어지면 나중에는 들숨도 1분, 날숨도 1분. 그러면 어떤 현상이 오는가 하면 거의 숨을 쉬지 않고 있다고 느껴질 정도로 미세하게 호흡이 돼. 이 정도로 내공이 쌓였을 때 호흡에 힘이 생기는 거야. 1분 들이쉬고 1분 내쉴 수 있게 된다면 횡격막 근육이 아주 발달한 셈이지."

스님의 지도에 따라 호흡을 최대한 길게 들이마셨다가 내쉬어 보았다. 너무 욕심을 부린 탓일까. 첫 호흡에는 길고 미세한 호흡이 가능했는데, 그 다음 호흡은 첫 호흡을 만회하기라도 하려는 듯 호흡이 거칠고 가빠졌다. 역시 호흡에는 에누리가 없다.

"자, 그럼 이번 시간에 배운 대로 횡격막 호흡을 해보도록 합시다."

스님은 한 시간의 시간을 주고 선방을 나가셨다. 우리는 어느 때보다 주의 깊게 횡격막을 의식하면서 호흡을 시작했다. 그동안 호흡을 한다고 했지만, 이번처럼 횡격막 호흡을 미세하고 깊게 하지는 못했다. 횡격막이 늘어나 갈비뼈가 부풀어 올랐다가 다시 가라앉는 것에 주의를 기울이며 호흡을 하다 보니 어느새 시간이 훌쩍 흘렀다. 눈을 떠보니 스님이 좌복에 앉아 계셨다. 스님의 등이 장승처럼 꼿꼿했다.

"어때요? 횡격막 호흡을 해보니 다른 점이 느껴지던가요?"

"스님, 그동안 제가 횡격막이 아니라 복부를 움직이면서 호흡을 했나봐요. 횡격막을 쓰니까 호흡이 더 깊고 섬세해지는 것 같아요."

"그래요. 화두를 보고 횡격막만 정확하게 움직이면 호흡을 길게 하려고 노력하지 않아도 미세하게 호흡할 수 있어요. 그리고 또 하나, 숨을 들이쉬고 내쉬기를 정확하게 하면 호흡에도 박자가 있다는 사실을 알게 돼요. 심장 박동이 일정하듯 호흡에도 박자가 있어요. 숨을 들이쉬고 내쉬는 것이 한 박자 한 박자 정확하게 움직여. 처음에는 시계가 째깍째깍하듯이 일왕래하지만 나중에는 무왕래, 호흡을 하는지 안 하는지조차 모르는 단계에 들어서게 돼요. 그 단계에 이르면 내가 의식적으로 호흡을 하지 않아도 박자에 따라 저절로 호흡이 되어지는 거예요."

스님은 호흡을 할 때 일어나는 미세한 박자와 리듬을 타라고 조언해주셨다.

"우리 몸에서 리듬이 나오는 곳은 심장 하나밖에 없어요. 그런데 갈비뼈를 부풀렸다 조였다 하면서 숨을 쉬면 호흡에도 커다란 박자와 리듬이 생겨요. 호흡의 센서가 작동을 하는 거야. 나중에는 자동차 엔진의 실린더 내부에서 피스톤이 왕복 운동을 하듯이 힘 있게 호흡이 돼요. 숨을 들이쉬고 내쉴 때 호흡과 화두의 박자가 딱딱 맞으면 그 희열이 이루 말할 수 없다니까."

스님은 숨을 쉴 때 몸에서 일어나는 박자감, 즉 호흡의 센서를 찾으라고 요구하셨다.

"스님, 솜털같이 부드러운 호흡으로 들숨 15초, 날숨 15초를 쉴 수 있게 되면 경지에 이른다는 말을 들은 적이 있는데, 정말 그런가요? 우리도 횡격막 호흡을 할 때 15초씩 쉬면 될까요?"

일행 중 하나가 물었다.

"호흡을 계속하면 허파 꽈리가 점점 발달하고, 폐도 발달해요. 그러니 당연히 호흡의 길이도 길어지겠죠. 그렇지만 우리는 궁극적으로 호흡을 오래 참는 훈련을 하는 게 아니에요. 숨을 들이쉴 때 정확하게 들이쉬고 내쉴 때 정확하게 내쉬면 마치 시계추가 움직이듯이 들숨과 날숨의 센서가 자동으로 움직여요. 그 감각을 찾아 정精의 상태로 들어가는 게 우리의 목표예요."

스님의 이야기는 계속됐다.

"정精의 상태에서 정 자는 정미하다, 미세하다는 의미의 정 자예요. 배가 부르면 몸이 알아서 숟가락을 놓고, 팔 하나를 움직일 때도 팔을 구부리는 감각이 있듯 호흡을 정확하게 인지하는 뇌의 감각도 분명히 있어요. 호흡을 지속적으로 하다 보면 어느 순간 들이쉬고 내쉬기를 의식적으로 하는 게 아니라 몸이 저절로 알아서 하게 되는 순간이 와요. 앉아서 숨을 들이쉬고 내쉬다 보면 내 몸이 최고의 극치까지 숨이 저절로 쉬어져. 무의식적으로 저절로 숨을 들이쉬고 내쉬는 뇌의 센서가 작동하는 거야."

 호흡 센서가 전면에 딱 나서는 순간이다. 그걸 익히기 전까지는 호흡을 의식하면서 끊임없이 훈련을 해줘야 한다. 사자나 호랑이가 몇 시간이고 꼼짝 않고 앉아 사냥감을 주시하듯이 지속적으로 호흡을 바라보는 것이다. 그 단계에 이르는 데 보통 3년은 걸린다고 스님은 말씀하셨다.

 호흡의 들고 남에 박자감이 생기고 호흡 센서가 잘 작동하면 우리도 삶 속에서 뇌세포를 최대치로 사용할 수 있게 된다고 스님은 말씀하셨다. 뇌의 잠재력을 100% 쓰는 경지까지는 잘 모르겠고, 날로 희미해져 가는 기억력이 조금씩 돌아오고 글쓰기 능력이 지금보다 나아지기만 한다면 더 바랄 게 없겠다고, 나는 생각했다.

스님의 호흡법 2

복부 지방을 태우는 횡격막 호흡

요즘 고속도로에 가면 졸음운전 표시가 많이 보입니다. 삼십 년 전에는 과속하지 말라는 캠페인이 많았고 정비 불량으로 사고가 많이 났습니다. 그런데 요즘은 졸음운전이 가장 큰 사고 원인입니다. 하도 사고가 나니까 TV에서도 15분마다 차 내부를 환기하라고 홍보를 하고 있습니다.

운전자들이 졸음 때문에 사고가 나는 이유는 간단합니다. 좋은 음식, 기름진 음식을 먹고 위장에서 그 음식들이 완전 연소되지 못했기 때문이에요. 우리 몸에 들어간 음식들은 산소가 공급되어야 연소가 됩니다. 모든 화석 연료들은 산소가 들어가지 않으면 불완전 연소되고 그을음이 나게 됩니다. 만약 고속도로에서 졸음운전으로 사고가 났다면 운전자가 횡격막 호흡을 하지 않아 몸에 산소가 충분히 공급되지 못했을 확률이 높습니다.

음식도 마찬가지입니다. 청량골을 세워서 횡격막 호흡으로 충분히 숨을 들이쉬고 내쉬어야 그날 먹었던 음식이 발화가 되어 열량이 나옵니다. 그런데 현대인들은 대부분 척추가 굽어진 상태로 생활하고 있고, 척추가 굽은 상태에서는 횡격막 호흡이 잘 되지 않습니다. 횡격막 호흡을 통해 산소를 충분히 공급받지 못하니 음식을 먹어도 불완전 연소가 되는 것입니다. 그게 쌓이면 고지혈증, 당뇨가 되고 복부비만이 됩니다.

참선하는 분들 중에도 당뇨나 고혈압, 뇌출혈 증상을 겪는 분들이 계신데, 다른 이유가 없어요. 청량골 세우는 것을 게을리하고, 횡격막이 단련되지 않아서 혈관에 노폐물이 쌓여서 이런 병이 왔다는 사실을 인지해야 합니다.

다행인 것은 호흡을 제대로 하면 언제든 복부 지방을 연소시킬 수 있다는 사실입니다. 제가 몇몇 사람들에게 호흡법을 지도해보니 청량골만 제대로 세우고 횡격막 호흡을 해주는 것만으로 충분히 복부 지방을 연소할 수 있었습니다. 반대로 척추를 세우지 않고 횡격막 호흡이 잘 되지 않으면 음식이 불완전 연소되어 노폐물이 쌓일 수밖에 없습니다. 이게 자연의 이치입니다.

횡격막 호흡을 위한 식사법 제안

선마을의 이시형 박사라는 분이 TV에 나와서 말하기를, 자기는 식사 약속을 하면 꼭 15분 떨어진 장소에 잡는다고 합니다.

약속 장소까지 15분을 걸어갔다가 식사를 하고 다시 15분을 걸어오는 것이 자기만의 건강법이라는 거예요. 이처럼 섭취한 음식이 위에서 소장으로 가는 시간이 필요하므로 식후에 바로 눕거나 앉지 않고 소장 운동에 도움이 되는 가벼운 걷기를 하는 것이 좋습니다.

　옛날 스님들은 공양을 했어요. 공양을 하고 난 후에 몸이 편하자고 내리막길로 가는 버릇을 들이면 위하수가 옵니다. 위장이 쳐지는 것입니다. 건강이 좋지 않은 사람들은 공양을 하고 나서 꼭 내리막길을 가려고 합니다. 그게 편하니까요. 반드시 식후에 소행을 할 때는 평지 아니면 약간 오르막을 가는 것이 좋습니다. 그래야 위장이 쳐지지 않고 텐션을 유지할 수 있습니다.

　음식을 먹을 때 주의할 것들에 대해서도 언급하도록 하겠습니다. 이시형 박사는 건강에 좋은 식사 방법의 하나로 주작법을 권했습니다. 밥을 30분 동안 꼭꼭 씹어 먹는 것입니다. 주작법만 실천해도 건강의 70%는 저절로 해결된다고 그는 말했습니다.

　선마을에 가면 밥상에 모래시계가 하나씩 있는데, 이 모래시계가 뒤집어지는 시간이 30분이라고 합니다. 최소한 30분 동안 식사 하기를 권하고 있는 것입니다. 그런데 수좌스님들 발우공양

하는 걸 보면 보통 4~5분이면 끝납니다. 그릇을 씻고 일어나는 데까지 7~8분이면 마칩니다. 그렇게 식사를 하면 위장병이 오기 쉽습니다.

실제로 음식이 위장에서 소장까지 가는 데 약 2시간 정도 걸립니다. 너무 급하게 먹으면 위장이 팽창하고 막혀 버립니다. 그래서 인천 용화사 송담 큰스님도 항상 수좌 스님들에게 발우공양 하되 꼭꼭 씹어서 천천히 공양하시라고 애절한 마음으로 전체 법문을 하시곤 했습니다.

공양을 30분 동안 하는 것, 꼭꼭 씹어 입 안에서 음식을 죽처럼 만드는 것이 횡격막 운동의 첫걸음이라는 사실을 잊지 마시기 바랍니다.

그다음에 빵과 떡 같은 단단하고 거친 음식을 먹으면 바로 위장에 문제가 옵니다. 인도 요기들은 수행을 할 때 스프 같은 부드러운 음식을 먹어서 몸을 서서히 바꿔나갔습니다.

제가 해보니까 떡이나 빵, 김밥 같은 딱딱한 음식을 먹게 되면 3~4시간 후 장이 막히게 되면서 호흡이 잘 안 되고 거칠어졌습니다. 장에서 음식이 막힌다, 소화가 안 된다 하면 아무리 횡격막 호흡을 하려고 해도 잘되지 않습니다. 그러니 식사 요법도 잘 잡아줘야 횡격막이 저절로 호흡을 하게 된다는 사실을 기억하시기 바랍니다.

세 번째 가르침

세 번째 가르침

가슴이 열려야 한다

좌선을 할 때 가슴을 펴야 하는 이유

"그래, 요즘 호흡은 잘 되나요?"

세 번째 가르침을 받으러 갔을 때, 스님이 차를 따르며 물었다.

"제 딴에는 열심히 하고 있는데, 잘하고 있는지 모르겠어요."

내가 대답했다.

"호흡을 할 때 막히는 데가 없어야 해. 어디 한번 숨을 쉬어봐. 호흡할 때 가슴까지 부풀어 오르나?"

숨을 깊이 들어쉬었지만 생각만큼 크게 쉬어지지는 않았다.

"아니요. 호흡이 가슴까지 올라오지는 않는 것 같아요."

"호흡이 가슴까지 올라와서 딱 차야 돼. 가슴에 압박감이 느껴질 정도로. 그래야 심장 주변의 근육과 신경에 자극을 주거든."

스님의 세 번째 가르침은 가슴 호흡이었다. 보통 수행하는 사람들은 단전을 굉장히 중요하게 여기는데, 스님은 횡격막 호흡만 잘하면 단전은 저절로 형성된다고 하셨다. 횡격막 호흡을 하면 자세가 바로 잡히고, 굳이 단전을 먼저 만들지 않아도 저절로 단전에 에너지가 모인다는 것이다. 그러니 호흡이 먼저고 단전은 그 다음이다. 그런데 많은 사람들이 호흡이 안 되면서 단전을 만드는 데만 집중하는 경향이 있다고 스님은 안타까워하셨다.

횡격막 호흡을 통해 횡격막이 충분히 단련되고, 호흡이 점점 차오르기 시작하면 그 다음에는 가슴 호흡에 집중해야 한다. 호흡을 하면 자연스럽게 가슴이 부풀어 오르고 그로 인해 심장에 압이 차게 되는데 이런 호흡을 유도하는 것이 바로 가슴 호흡이다.

"스님, 가슴을 꼭 부풀려야 하나요? 예전에 단전호흡을 할 때는 가슴을 부풀리지 말라고 배웠는데요."

내가 물었다.

"가슴을 부풀리는 이유는 횡격막 호흡으로 숨을 깊이 들이마시면서 가슴 부위의 신경을 자극하기 위해서예요. 여기 혹시 비염으로 고생하는 사람 있나요?"

일행 중 하나가 손을 들었다.

"스님, 저는 환절기만 되면 비염 때문에 힘들어요. 코도 자주 막히고."

"그래, 비염이 있으면 숨쉬기 힘들지. 그럴 때 도가에서는 코를 마사지해줘서 열을 내는 방법을 썼어요. 비염, 위염, 폐렴, 장염, 간염 등은 다 염증이야. 우리 몸이 염증으로 인해 면역력이 떨어지면 몸에서 열이 나지요? 요즘 사람들은 항생제를 먹어서 열을 내리는데, 사실 호흡만 잘하면 몸에서 열이 오르는 것을 자연적으로 제어해줄 수 있어요. 몸에 염증이 생겼을 때 염증을 제어하고 열을 식히는 시스템이 우리 몸에 다 있거든. 면역에 관여하는 중요 기관들이 갈비뼈 안쪽에 다 있어요."

갈비뼈 안쪽, 그러니까 가슴의 정중앙 부위에 인체의 면역력을 높이는 데 아주 중요한 기능을 하는 흉선이라는 기관이 있다. 이 부위의 신경과 근육을 자극해주는 것이 중요하다는 말이었다.

스님의 호흡법은 결국 호흡이 막힘없이 되는 것을 목표로 하는데, 두 번째 가르침에서 횡격막 호흡을 통해 내부 장기들의 연동 운동을 유도했다면, 가슴 호흡 단계에서는 우리 몸에서 가장 중요한 역할을 하는 장기인 심장을 자극해주고, 심장 주변의 근육과 신경을 깨워 몸의 기혈이 막힌 데 없이 흐르도록 유도하는 것이었다.

이제까지 호흡을 하면서 단전에 에너지가 모이는 것만 중요하게 생각했지 가슴 부위를 자극해야 한다는 생각을 해본 적이 없었다. 스님은 항상 한 발 앞서 다음 단계를 제시하시는 것 같았다.

반년 만에 우울증에서 벗어나다

"가슴 호흡이 잘되려면 심장 주변의 신경이 살아나야 하는데, 만약 수행자가 가슴을 구부린 자세로 다니면 이런 면역 기능이 잘 작동할 수 있을까요? 그래서 저는 우울증이 있거나 인생에 고뇌가 많다고 하는 사람들을 만나면 가슴을 펴고 등산을 자주 하라고 주문해요. 가슴을 펴는 것만으로 인체의 면역 시스템이 제대로 굴러갈 수 있고, 등산을 하다 보면 호흡이 깊어지니까요."

그러고 보니 나도 인생의 한 시기에 우울증으로 고생했던 적이 있었다. 삼십대 초반의 일이었다. 결혼 적령기에 나는 일에서 성공하는 것과 결혼이라는 두 가지 과업을 모두 이루어내기에는 내 역량이 턱없이 부족하다고 판단했다. 둘 중 하나를 포기해야 한다면 결혼을 포기하는 게 나을 것 같았다. 대신 일에서 성공하겠다는 마음으로 삼십대를 온전히 글공부에 매달렸지만 운이 없었는지 노력이 부족했는지 뜻을 이루지 못했다. 나이 마흔에 이르렀을 때, 나는 완전히 소진되었고, 한 발짝도 더 내딛을 수 없을 만큼 동력을 잃고 말았다. 패배의식이 마음을 깊게 짓눌렀다. 눈앞에 펼쳐진 현실이 너무나 초라했기에, 떨쳐버리려고 해도 우울감이 쉽게 떨쳐지지 않았다. 그 시기의 나는 늘 웅크리고 지냈고, 좋아하는 취미 생활을 할 때조차도 지나치게 긴장하고, 이유 없이 위축되었다.

한번은 한의원에 가서 진찰을 받았는데, 의사 선생님의 한마디에 울음을 터뜨리고 말았다. 지금은 무슨 말이었는지 기억조차 나지 않는다. 사실 의사 선생님의 말 때문이라기보다 마음에 눈물이 가득 차 있어 누가 건드리기만 해도 흘러넘칠 상태였다고 하는 게 맞을 것이다. 한의사 선생님은 우울증이라고 진단했다. 한약을 지어 먹고 섭생에도 신경 썼지만 우울증에서 벗어나는 데까지 그 후로도 한참의 시간이 필요했다.

"스님, 호흡을 하는 것만으로 우울증을 해소할 수 있나요?"

내가 묻자 스님은 자신 있게 말했다.

"당연하죠. 얼마만큼 좋아지는가 하면, 내가 예전에 우울증 환자에게 그냥 가슴을 편 상태에서 횡격막 호흡만 하라고 주문한 적이 있어요. 그런데 그 환자가 6개월 만에 우울증이 싹 나은 거야. 우울증이 오면 제일 먼저 자기도 모르게 가슴을 닫아버리거든. 그런데 횡격막 호흡을 하려면 가슴을 활짝 펼 수밖에 없고 척추를 바로 세울 수밖에 없어요. 가슴을 활짝 펴서 호흡을 하니까 가슴 부위의 신경이 살아나고 흉선이 제 기능을 하게 되니 온몸에 순환이 잘될 수밖에 없어요. 그러니까 약이고 뭐고 필요 없이 호흡만 제대로 했을 뿐인데, 가슴이 열리고 우울증이 싹 사라진 거야."

스님은 주위에 고민을 안고 사는 사람이 있으면 무조건 가슴을 펴는 습관을 가지게 하라고 일러주었다. 가슴을 펴서 자신감을 갖게 되면 우리 몸의 자신불自身佛[5], 법신法身[6]이 다 알아서 해결 방도를 찾는다면서.

"자살하는 사람들을 보면 마음이 많이 위축되어 있고 방구석에 웅크리고 있잖아요. 가슴을 웅크리고 있으면 법신이 제 역할을 하지 못하고 결국 몸에 지게 돼요. 우울하고 나약해져서 삶을 포기하게 되는 거예요. 초한지에서 항우가 사면초가의 상황에서 유방에게 지고 쫓기고 쫓기다 자살을 하잖아요. 천하를 호령하

---

5 내 안에 있는 근원적인 본래의 마음.
6 불교에서 부처는 법신, 보신, 화신의 세 가지 몸을 가지고 있다고 한다. 법신은 진리 그 자체이자 참 나를 의미하며, 원래부터 있던 몸, 윤회하지 않는 나를 의미한다. 보신은 수행을 통해 좋은 카르마를 만들어서 된 존재로, 윤회하는 이번 생의 나, 꿈속의 나인 셈이고, 화신은 보신이 물질화되어 보이는 존재로, 물질화된 몸, 죽을 때 두고 가는 이번 생의 육신을 의미한다.

던 장수도 자신감을 잃고 법신이 제 역할을 하지 못하면 한순간에 극단적인 선택을 하게 됩니다. 그런데 그렇게 마음이 위축된 사람도 산에 가게 한다든지 호흡을 해서 바른 마음과 정신을 갖게 되면 (가슴) 차크라가 열려 자신감이 살아나게 돼요. 수행하는 사람들에게는 바로 이 자신감이 있지요."

그저 가슴을 펴는 것만으로 우울함에서 벗어나고 자신감을 가질 수 있다니, 만약 내가 좀 더 일찍 스님을 만났더라면 그렇게 오랫동안 우울감에 젖어 있지 않고 금세 회복했을 거란 아쉬움이 남았다.

참선하기 좋은 몸 상태를 만드는 가슴 호흡

스님은 가슴을 펴는 것이 가슴 정중앙의 흉선을 활성화시키기 위한 것이라고 했다.

"모든 운동의 기본은 심장을 튼튼하게 하는 데 있어요. 우리 몸은 모세혈관까지 다 핏줄로 연결되어 있고, 혈액이 모세혈관까지 원활하게 돌기 위해서는 호흡을 할 때 단전은 물론이고 가슴까지 부풀어 오르는 깊은 호흡을 해야 해요. 그런데 간혹 호흡을 할 때 복부만 부풀리고 가슴 근육은 움직이지 말라고 하는 사람들이 있어요. 그렇게 되면 횡격막이 심장 주변의 흉선을 자극할 수가 없어요."

스님은 가슴을 부풀리지 않고 아랫배만 움직이면 호흡이 깊어질 수가 없다고 단언했다. 이런 얕은 호흡으로는 수련에 진전을 보기도 어렵고, 호흡만 하면 혼침이 오고 수마에 빠져들 수밖에 없다는 것이다.

무엇보다 흉선은 감정의 덩어리들이 모이는 곳이다. 스님은 아이가 울다가 울음을 그치기 전에 흐느끼듯이 꺽꺽 대는 순간에 마지막 숨을 토해내면서 마음이 풀리는 원리를 예로 드셨다. 그 순간에 흉선이 떨리면서 붙들고 있던 감정이 해소되고 미련이나 슬픔 같은 감정의 찌꺼기가 해소된다는 것이다. 그래서 스님의 호흡법에서는 적당히 자연스럽게가 아니라 가슴에 압이 차도록, 심호흡을 해야 한다고 권하고 있다. 그렇게 해서 가슴이 열리면 감정이 쌓이지 않고 스트레스 받지 않고 넘어갈 수 있는 힘이 생긴다는 것이다.

"그러니까 횡격막을 움직여서 가슴이 부풀어 오를 정도로 최대한 크게, 천천히 호흡을 하라는 건가요?"

"그렇지. 몸이 이완된 상태에서 최대한 크고 깊고 느린 호흡을 하는 게 이 호흡법의 핵심이에요. 호흡으로 심장을 풀어주고 심장 주변의 흉선까지 단련시켜주어야 합니다. 흉추가 벌어졌다 좁혀지면서 심장 주변의 신경과 근육, 흉선이 발달하는 거예요.

자동차가 달리는 걸 보세요. 차가 움직일 때 타이어만 돌아가지 않잖아요. 엔진도 돌아가고 차 전체가 조화롭게 움직여야 차가 앞으로 나가죠. 마찬가지로 호흡을 하게 되면 배만 볼록해지는 게 아니라 몸 전체, 오장육부까지 다 움직여야 합니다. 그게 이 호흡법의 비결이에요."

"스님, 그런데 호흡만으로 심장 주변의 근육을 단련시킬 수 있나요?"

문득 의구심이 들었다.

"물론 호흡은 헬스처럼 기구를 들고 하는 운동과는 다른 메커니즘으로 근육을 단련시켜요. 헬스를 할 때도 근육이 붙죠? 그렇지만 헬스를 해서 만들어진 근육은 근육 조직의 밀도를 높이기 때문에 오히려 혈관이 좁아질 수 있다는 한계가 있어요. 반면 호흡은 부드러우면서 강하게 몸을 이완시켜요. 지난 시간에 횡격막 호흡에 대해 배웠죠? 횡격막 호흡을 한다면서 복부만 나왔다 들어갔다 하면 가슴 근육에 자극이 되나요?"

"안 되죠."

"가슴 근육을 전혀 쓰지 않고 호흡을 하면 횡격막이 가슴 쪽에 달라붙어버려요. 그러면 병이 옵니다."

스님의 가르침은 계속됐다.

"우리 몸이 원하는 건 양질의 산소와 영양을 공급해주는 거예요. 양질의 산소를 공급하려면 호흡을 할 때 흉압을 이용해야 합니다. 물론 많은 양의 산소를 들이마시려면 몸통 전체가 먼저 이완되어 있어야 하고 특히 횡격막과 복부가 풀어져 있어야 해요. 가슴 호흡을 하기 전에 복부 쪽에서 당기고 있는 근막과 뭉친 세포들을 전부 이완해주어야 합니다."

"그런데 스님, 호흡하기 전에 몸 전체를 이완시키는 게 말처럼 쉽지는 않은 것 같아요."

우리가 살아오면서 받은 각종 스트레스와 생활습관으로 인해 세포와 근육, 신경이 돌처럼 굳어 있어서 처음부터 가슴을 부풀리면서 호흡을 하는 것이 쉽지 않다는 것을 스님도 인정했다.

"가슴 호흡이 되려면 굳어 있는 부위를 먼저 풀어줘야겠네요."

내가 말하자 스님이 고개를 끄덕였다.

"그렇지. 정확하게 말하면 뭉쳐 있는 부위를 모두 풀어주고 기능이 상실된 신경들을 살려내야 복부가 이완되고 배꼽 주변이 풀리면서 가슴이 확장되는 호흡을 할 수가 있어요. 뭉친 곳을 하나도 풀어주지 않고 고요히 앉아서 참선을 한다? 그거야말로 참선은 되지 않고 병만 키우는 거예요. 이제 알아듣겠어요?"

"네."

스님은 무조건 앉아서 참선만 하는 것이 아니라 참선하기 좋은 몸 상태를 만드는 것이 우선이라고 강조하셨다.

"그럼 어디서부터 어떻게 풀어줘야 할까요?"

내가 물었다.

"그동안 횡격막 호흡을 해서 복부를 어느 정도 풀어줬으니까 이제 가슴을 풀어주도록 합시다."

스님이 눈빛을 빛내며 말씀하셨다. 스님은 40년 수행을 하면서 터득한 원리를 우리에게 전수해주실 때 가장 신이 나시는 것 같았다. 그럴 때는 마치 청년처럼 기상이 넘치고 목소리에 힘이 실렸다.

"우리 몸에서 가장 중요한 장기가 바로 심장이에요. 우리 몸은 모세혈관까지 다 핏줄로 연결되어 있어요. 위장이 약하면 심장에서 위장으로 피를 더 보내주고, 밥을 먹으면 대장으로 피를 더 보내요. 달리다 숨이 차면 폐로 피를 보내죠. 이렇듯 심장은 우리 몸의 중요한 장기들을 전부 컨트롤하고 있어요. 그러니까 심장이 튼튼하면 자연히 오장이 튼튼해지겠죠. 그래서 모든 운동의 기본은 심장을 튼튼하게 하는 데 있어요."

우리는 고개를 끄덕였다.

"그런데 사람들은 정작 이렇게 중요한 심장은 내팽개치고 다른 데만 신경을 쓴단 말이야. 위장이 안 좋으면 위장약을 먹고 장이 안 좋으면 장 치료만 해. 그래봤자 심장이 망가지면 아무 소용없는데 말이야."

"스님, 심장이 중요하다는 건 알겠는데요, 심장 근육을 단련하기 위해서 우리가 해줄 수 있는 게 있나요? 심장을 단련하는 운동은 잘 못 본 것 같아서요."

내가 물었다.

"그래서 내가 호흡할 때 심장에 압이 차도록 힘껏 호흡하라고 하는 거예요. 가슴 호흡은 심장을 단련시킬 수 있는 좋은 방법이거든."

스님은 요새 젊은 사람들이 심혈관계 질환으로 돌연사하는 사례가 부쩍 늘었다면서, 호흡을 할 때 반드시 심장에 자극이 가도록 힘껏 호흡하라고 당부했다. 그런데 '힘껏'이라면 대체 얼마나 힘껏 하라는 걸까.

"스님, 제가 예전에 단전호흡을 할 때, 욕심으로 호흡을 하면 몸에 무리가 간다고 배웠거든요. 가슴 호흡도 몸에 무리가 가지 않는 선에서 자연스럽게 하면 될까요?"

"그게 참 오묘한 건데, 몸이 릴랙스 된 상태에서 호흡이 가득 들어와서 폐가 부풀어 오르면서 빵빵해지는 것과 몸에 힘을 있는 힘껏 줘서 단단해지는 건 완전히 다른 거예요. 심장에 압이 찰 정도로 호흡을 크게 하라고 하면 대부분의 사람들이 몸에 힘을 잔뜩 줘요. 헬스할 때 무거운 걸 들어 올리면서 기합을 넣듯이 말이야. 자고로 호흡이란 부드러움 속에 강함이 있는 거예요. 몸 전체를 편안하게 릴랙스 시킨 상태에서 호흡으로 몸이 빵빵해지는 그 감각을 계속 연구해야 해. 누가 해줄 수 있는 게 아냐. 스스로 터득해야지."

몸에 힘을 뺀 상태에서 청량골을 세우는 것, 척추를 바로 세우는 것, 횡격막 호흡을 하는 것과 마찬가지로 호흡을 최대한 깊게 하면서 가슴을 여는 것도 스스로의 감각으로 터득하라는 말씀이었다. 자전거를 탈 때 수백 번 넘어지면서 중심을 잡는 감각을 찾듯이 호흡법 또한 스스로 그 감각을 터득하는 수밖에 없다는 것이었다. 스님은 몸에 힘을 빼는 기술이야말로 진짜 선수들만 할 수 있는 요결이라고 귀띔하셨다.

"40년쯤 호흡을 하다 보니까 이제는 척추를 세운 상태에서 가슴에 힘을 뺄수록 기운이 점점 아랫배로 내려오는 걸 느껴. 그 감각을 터득해야 해. 호흡을 하다 보면 어느 날, 자기도 모르게 긴장되어 있던 부위의 힘이 툭 하고 빠질 때가 있어. 신경 하나가 힘이 빠지잖아? 그러면 몸 전체가 그만큼 릴랙스 되면서 얼마나 편안해지는지 몰라. 그 맛을 보면 참선을 놓을 수가 없지, 암 암. 말하자면 '선수'들은 원할 때 힘을 맘대로 뺄 수 있는 사람들인 거야."

스님은 그 맛을 알려줄 수 없는 것이 유감이라는 듯 입맛을 다셨다. 신경 하나가 힘이 빠지는 순간을 설명할 때는 마치 황홀경을 맛본 사람 같은 표정을 지었다. 나도 얼른 그 경지를 맛보고 싶었다. 하지만 아주 작은 신경 하나의 힘을 빼는 것조차 쉬운 일은 아닐 것이다. 힘을 뺐을 때의 그 편안함을 느끼기 전까지는 자기가 힘을 주고 있다는 사실조차 모를 수 있기에.

호흡이 깊어지는 신경 청소법

"그런데 스님, 저는 요즘 체한 것처럼 가슴이 답답하고 호흡이 잘 안 되는데, 뭐가 잘못된 걸까요?"

일행 중 하나가 하소연하자 스님이 그를 눈여겨보시고는 말씀하셨다.

"요즘 파킨슨병 앓는 사람들이 많아졌다고 하데? 심장에 압력을 줘서 뇌로 가는 혈액의 양을 늘려야 뇌세포를 살릴 수 있고 파킨슨병도 예방할 수 있어요. 그러려면 가슴의 막힌 부분을 풀어줘야 하는데, 이 가슴 부위를 호흡으로 풀어주는 데는 사실 한계가 있어요. 그러니 손이나 도구를 이용해서 막힌 곳을 세게 눌러줘야 해요. 어디 얼마나 막혔는지 한번 봅시다."

스님은 우리를 차례로 불러 스님 쪽으로 머리를 대고 눕게 하고는 가늘고 긴 막대로 목 아래부터 명치까지 몸의 한가운데 부분을 지그시 누르면서 지나갔다. 평소에 눌러 볼 일이 없는 부위라 그 통증이 유독 생경했다. 큰 힘을 주지 않고 살짝 누르는데도 어떤 부위는 숨이 막힐 정도로 아팠다. 찌르는 것 같기도 하고 아리는 것 같기도 한 기분 나쁜 통증이었다. 나뿐만이 아니었다. 막대가 스치기만 해도 자지러지게 아파하는 사람도 있었고, 몸이 반으로 접힐 만큼 비명을 지르는 사람도 있었다.

스님은 일상에서 받은 스트레스를 제때 풀어주지 않으면 가슴 부위가 꽉 막혀 호흡이 깊어지기 어렵다고 하셨다.

"몸이 아파서 병원에 갔는데, 스트레스성이거나 신경성이라는 말을 들은 적 있나요? 분명히 몸은 아프고 이상한데, 딱히 원인을 찾지 못하는 증상들을 병원에서는 신경성이라고 해요. 우리 몸의 수많은 장기들은 신경으로 이어져 있고, 뇌와 척수를 통해서 다양한 명령과 신호가 오가고 있어요. 이 신경 세포가 건강해야 장기들이 원활하게 돌아갈 수 있는데, 신경이 노화되면 자꾸 고장이 나고 제 역할을 하기 어려워요. 말하자면 전선이 고장 나서 집에 물이 끊긴 것과 같은 상황이랄까."

우리 몸에서 산소와 혈액을 옮기는 혈관을 수도관이라고 한다면 신경은 이 수도관에 산소와 혈액을 옮기라고 전기를 보내는 역할을 한다. 신경이 노화되면 몸 속 곳곳에 이런 전기신호가 잘 전달되지 않아 내장 기관이 제 역할을 하지 못해 병이 생긴다. 특히 가슴 부위에는 심장을 중심으로 신경이 밀집되어 있기에 적절한 자극을 줘서 수시로 풀어줘야 한다는 것이었다.

"내가 예전에 호흡하다가 죽음 직전까지 몰린 적이 있다고 말했었나? 그때 숨도 못 쉬고 앉아 있는데, 의사가 당장 수술하지 않으면 죽는다고 하는 거야. 그 의사가 했던 말이 아직도 생생하게 기억나요. "스님, 갈비뼈가 왜 있는지 아십니까? 갈비뼈가 제일 중요한 장기들을 보호하고 있습니다. 우리 몸에 필요한 아주 중요한 호르몬들은 다 갈비뼈 아래에서 만들어집니다." 그 말을 듣고 호흡이 제대로 되기 위해서는 갈비뼈 아래 신경들이 살아나야 한다는 것을 알게 됐어요."

말하자면 이 방법은 다 스님이 호흡을 하면서 시행착오를 거쳐 직접 몸으로 터득해서 얻은 산지식인 셈이었다.

"가슴 신경이 그만큼 중요한지 몰랐네요. 이 신경의 노화를 막을 수 있는 방법은 없나요?"

실제로 가슴 중앙에는 심장이 있고, 흉선, 임파선, 갑상선, 편도선 등 면역 체계를 담당하는 호르몬을 만드는 기관들이 밀집해 있다. 사람들이 스트레스를 받거나 응어리가 지면 이 부위가 바로 막히게 되기 때문에 이 부위를 풀어주어야 한다.

"있지. 지금 한 것처럼 신경이 지나는 길을 세게 마사지해주는 거예요. 해당 부위에 적절한 자극을 주는 것만으로도 신경이 살아나고 혈액순환이 좋아지거든. 이제 호흡을 할 때 왜 척추를 바르게 하고 청량골을 세워야 하는지 알겠죠? 자세를 바로 하면 혈액순환과 호흡이 원활해지고, 뇌 속으로 가는 산소 공급량도 평상시보다 122%나 상승한다는 연구 결과가 있어요. 그러니 항상 허리를 쭉 펴고 앉아서 바른 자세로 호흡하는 습관을 들이도록 하세요."

"예, 알겠습니다."

스님이 알려주신 가슴의 신경을 푸는 방법은 요즘 내 유튜브 알고리즘에 많이 뜨는 괄사 마사지와 비슷했다. 얼굴 윤곽을 살리기 위해 얼굴 주변의 신경을 자극해 노폐물이 잘 빠져나오게 마사지해주는 것처럼 쇄골 아래 가슴 부위를 자극해주면 굳어 있던 가슴 근육과 신경이 풀어져 혈액 순환이 원활해지고 심장이 단련되는 원리였다.

스님은 한참 동안 일행 모두의 가슴과 명치를 공들여 풀어주시고는 한 시간의 호흡 시간을 주고 밖으로 나가셨다. 농사일에는 때가 있는 법이라 우리에게 온전히 시간을 내기가 어려우신 듯했다. 아닌 게 아니라 우리가 명상을 하는 중에도 스님은 밭에 식초 희석액을 뿌리느라 바빴다. 농약을 치지 않고 유기농 선법으로 농사를 짓는 것이라 했다.

  호흡을 하다 가끔 눈을 들어보면 통창 너머로 저 멀리 밭고랑 사이를 따라 가까웠다 멀어지는 스님의 뒷모습이 눈에 들어왔다. 시큼한 식초 냄새도 간헐적으로 선방으로 흘러들었다. 식초 희석액을 뿌리다가도 한참 서서 좌우로 무게 중심을 옮겨가며 몸을 풀거나 밭고랑에 앉아 골똘하게 멈춰 있는 스님의 뒷모습이 보였다. 아마도 그 상태로 선정에 드신 듯했다.

  "어때요? 가슴을 풀어주고 명상을 하니 다른 점이 있나요?"

  어느샌가 들어오신 스님이 기대에 찬 눈빛으로 물으셨다.

  "네, 스님, 호흡이 깊어지고 정신이 훨씬 맑아지는 것 같아요."

  명상을 마치고 나자 어느새 해가 뉘엿뉘엿 지고 있었다. 해 지기 전에 터미널까지 가려면 서둘러야 했다. 우리는 빠르게 짐을 챙겼다.

  "스님, 덕분에 오늘 가슴이 뻥 뚫린 것 같아요."

"그래, 어서 가. 가르쳐준 대로 정진하는 것 잊지 말고."

스님은 집에 갈 때 먹으라고 이웃이 가져다준 사과 몇 알을 손에 쥐어주셨다. 노지에서 자란, 군데군데 상처가 난 못난이 사과였다. 하나라도 더 챙겨주고 싶어 하는 스님의 마음이 고스란히 느껴져 슬며시 웃음이 났다.

*

스님을 만나고 온 다음날 아침이었다. 어제 수련의 여파일까, 이제껏 경험해보지 못한 통증이 가슴에 있었다. 겉으로 보기엔 멍 자국 하나 없이 멀쩡했는데, 옷을 갈아입으려고 옷깃이 살짝 스치는 순간, 소스라칠 정도의 통증이 일었다. 어제 스님이 막대로 사정없이 누르시더니 신경을 잘못 건드려 죽을병에 걸린 건 아닐까 걱정이 되었다. 마침 전화벨이 울렸다. 스님이었다.

"스님!"

"그래, 어제 풀어준 곳은 좀 어때요?"

"말도 마세요, 아파서 죽을 것 같아요. 옷자락만 스쳐도 화들짝 놀랄 정도로 엄청난 통증이에요."

"허허허. 신경을 자극해서 근육이 놀란 것뿐이니 자기 전에 소염진통제 효과가 있는 로션을 듬뿍 바르고 마사지해주세요. 일주일만 지나면 괜찮아져요."

스님은 그 말만 하고는 전화를 툭 끊으셨다. 용건만 간단히, 군더더기 없는 스님 성격이 그대로 묻어나는 전화였다. 집에 멘소래담이 있었지만, 왠지 안티푸라민을 바르면 효과가 더 좋을 것 같아 약국 여러 군데를 돌아 안티푸라민을 겨우 구했다. (나중에 알고 보니 두 제품 모두 근육통이나 신경통을 완화하는 제품으로, 효과에는 큰 차이가 없다고 한다.) 안티푸라민을 통증이 일어나는 부위에 살살 발랐다. 처음에는 살갗에 살짝만 닿아도 통증이 느껴졌지만 스님 말씀처럼 죽을 것 같은 통증도 일주일 만에 말끔히 사라졌다. 신기한 일이었다.

 그뿐만이 아니었다. 가슴 부위의 신경을 풀어줬더니 가부좌로 앉아 있을 때 미묘하게 굽어 있던 어깨가 이전보다 활짝 펴진 것이 느껴졌다. 굳어 있던 가슴 근육이 풀어졌기 때문인 것 같았다. 거기에 생각지도 못한 효과가 하나 더 있었다. 막혀 있던 가슴이 풀어지자 취미로 배우고 있는 노래도 더 힘 있게, 소리가 멀리까지 뻗어나갔다. 호흡을 더 잘하기 위해 가슴을 풀어주었을 뿐인데, 소리가 막힘없이 흘러나오다니, 기대하지 않았던 소득이었다.

오래 묵은 감정을 정화하다

호흡 수련을 한 지 2년째가 되자 가슴 호흡이 점점 익숙해졌다. 호흡을 최대한 깊이 들이쉬면서 산소를 들이마시고 가늘고 길게 내쉬면서 내 몸에 쌓인 이산화탄소를 내보낸다. 호흡을 최대한 느리고 깊게 하다 보면 물통에 물이 차오르듯 숨이 아랫배뿐 아니라 가슴, 목까지 꽉 차오르는 게 느껴졌다.

내 경우에 횡격막 호흡을 하는 단계에서 몸의 변화가 많이 일어났다면 가슴 호흡을 하면서는 정서적인 변화가 급격하게 일어났다. 아무래도 가슴 호흡을 통해 흉선이 자극되었기 때문인 것 같다.

가슴 호흡에 집중하던 시기에 잊고 있던 사건들이 물 밑에서 훅 하고 올라올 때가 있었다. 이전 직장에서 받았던 부당한 처사와 그로 인해 받은 상처와 울분, 인생 전체를 통틀어 후회되거나 아쉬웠던 굵직한 사건들, 끝내 버리지 못한 미련 등. 벤자민 버튼의 시간이 거꾸로 흐르듯 그런 사건들이 가까운 시간대부터 점점 과거로 거슬러 올라가면서 불쑥불쑥 튀어 올라 며칠을 괴롭게 하기도 하고, 그 의미를 골똘히 다시 재구성하게 되기도 했다.

한번은 스님이 경기도의 한 절에 올라와 동안거를 하고 있을 때 찾아뵌 적이 있었다. 스님을 만나고 명동에서 지인과 저녁을 먹고 집에 오는 길에 오른쪽 견갑골이 못 견디게 가려웠다. 손이 닿지 않는 부위라 어쩌지 못하고 지하철을 타고 가는데, 가려움증과 답답함이 점점 심해졌다. 아쉬운 대로 전철 기둥에 등을 비벼 가며 자극을 주었지만 시원하게 풀리지 않았다. 집에 와서 롤러로 그 부위를 집중적으로 마사지했다. 평소에는 그 정도라면 충분히 풀릴 증상이었는데도 어쩐 일인지 쉽게 풀리지 않았다. 저녁 내내 그 부위의 신경이 자극되었다.

  자극되는 부위에 의식이 머물수록 저절로 떠올려지는 기억이 있었다. 스님을 만나러 가려면 분당 서현역을 지나쳐야 했는데, 서현역을 지나갈 때마다 자연스럽게 떠오르는 사람이 하나 있었다. 정자동에 좋은 카페가 많은데, 언제 한번 놀러오라고 했던 사람에 대한 추억이었다. 누구나 그런 기억이 하나쯤은 있을 텐데, 문제는 그 기억을 제때 해소하지 못한 채 오랫동안 그 감정을 붙들고 있었다는 사실이다. 신경에 막힌 곳이 있으면 물리적으로 풀어줘야 하듯 마음의 통로에도 막힌 곳이 있으면 제때 풀어주고 넘어가야 탈이 없다. 하지만 나는 그 감정을 어떻게도 처리할 수 없었기에 감정의 에너지가 마음의 혈관에 쌓여 소통되지 못하고 있었던 모양이다. 눈에 보이지 않는다고 마음의 혈관에 쌓인 것들이 없어지는 것은 아닌 것 같다. 그날 서현역을 지나오면서 그 사람 생각이 났고, 그 생각과 연결되어 있던 감정의 찌꺼기들이 건드려진 것 같았다.

잠을 자려고 누웠는데 회한의 눈물이 계속 나와 베갯잇을 적셨다. 지금은 다 지난 일이지만, 답답하고 안타까웠던 그때의 기억이 내 오른쪽 어깻죽지에 머물러 삶이 흘러가지 못하게 막고 있는 것 같았다. 당시의 내 심정을 외면하지 않고 정면으로 응시하자 회한의 눈물이 봇물처럼 뜨겁게 터져 나왔다. 미처 해소되지 못한 감정의 찌꺼기들이 뜨거운 눈물로 용해되었다. 그러고 나서 다음날 아침에는 무슨 일이 있었는가 싶을 만큼 지난밤의 감정의 소용돌이는 온데간데없이 말끔해졌다. 비 갠 후의 하늘처럼.

나중에 알고 보니 그것들이 다 수행을 하는 과정에서 일어나는 정화의 한 과정이었다. 자기 인생에서 큰 의미가 있던 사건들을 제때 흘려보내지 못하고 붙들고 있을 때, 그 사건들이 기억에 돌멩이처럼 얹혀 있다가 호흡과 명상을 통해 풀려나오는 현상이었다. 그런 과정을 거침으로써 나는 점점 더 가벼워지고 고요해질 수 있었다. 그건 참 신기한 경험이었다.

스님의 호흡법 3

호흡하기 좋은 몸을 만드는 신경 마사지법

예전에는 건강을 위해서 무조건 잘 먹고 영양제를 잘 챙기고, 발효식품이나 유산균을 잘 섭취하면 된다고 생각했는데, 최근에는 그것만으로 충분하지 않다는 인식이 확산되고 있어요. 그렇다면 무얼 더 해야 하느냐, 결론은 신경을 자극해야 합니다. 신경을 자극해주면 몸에 쌓인 노폐물을 배출하기 쉽고 혈액순환을 원활하게 해줍니다.

내가 농사를 처음 지을 때 하루에 열두 시간씩 포클레인을 조작하면서 땅을 일궜어요. 포클레인 두 대로 작업했는데, 그러다 힘들면 침도 맞고 부항도 뜨러 가고 했는데 아무 소용이 없었어요. 그런데 하루 종일 중노동을 하고 나서 봉으로 마사지를 해주면 다음 날 몸이 말끔하게 풀리는 것을 경험으로 알았어요. 몸을 풀어주는 데는 이만한 게 없다는 것을 알게 된 거예요. 그래서 이번에는 호흡하기 좋은 몸을 만들기 위해 심장 이외에 집중적으로 마사지해줘야 할 부위를 알려드리도록 하겠습니다.

콩팥 마사지

콩팥은 우리 몸에서 노폐물을 배출하는 역할을 하는, 심장 다음으로 중요한 장기예요. 하지만 평소에 콩팥의 중요성을 인식하는 사람은 많지 않아요.

격렬한 운동을 하면 심장이 쿵쾅거리고, 입맛이 떨어지면 위가 약해진 것이고, 변비나 설사가 오면 장에 문제가 생긴 걸 금방 알 수 있지만, 콩팥은 웬만한 손상으로는 이상을 알아차리기 어려워요. 그래서 과묵한 장기라고도 부르죠. (간이나 췌장도 마찬가지입니다.) 그런데 이런 콩팥이 제 기능을 하지 못하면 혈액을 제대로 여과하지 못해 혈액이 탁하고 끈적해집니다. 그러면 혈액순환에 문제가 생기고 영양분이 우리 몸 구석구석까지 공급되지 못해 다양한 질환으로 이어질 수 있어요.

콩팥이 있는 허리 부위를 봉으로 마사지해주면 냉증과 부기, 혈액순환이 개선되어 온몸의 피로가 풀립니다. 그러니 콩팥을 자극하는 봉 마사지를 꾸준히 해주세요.

뇌 청소

이번엔 뇌 부위입니다. 현대인의 고질병 중 하나가 치매지요.

뇌 활동으로 만들어지는 노폐물이 배출되지 못하고 쌓이면 신경 세포가 손상돼 치매와 같은 뇌 질환에 시달리게 됩니다. 뇌 질환을 예방하려면 뇌 속 노폐물을 제때 배출해주는 것이 관건인데, 2024년 국내 연구진이 뇌 속 노폐물이 배출되는 핵심 경로를 세계 최초로 발견해 화제가 되었어요.

연구 결과, 뇌 활동으로 생기는 노폐물을 포함한 뇌 척수액은 코 뒤쪽에 있는 비인두 림프관망에 모여 림프관과 목 림프절로 이어지면서 뇌 척수액을 뇌 밖으로 빼내는 역할을 하는 것으로 드러났어요. 말하자면 비인두 림프관망이 뇌 척수액 표출 경로의 허브인 셈입니다.

연구진은 목 림프관에 있는 근육 세포의 수축과 이완을 유도하면 일종의 펌프처럼 작용해 뇌 척수액을 쉽게 배출시킬 수 있다는 사실도 확인해주었어요. 목 부위의 림프관을 효율적으로 자극하면 뇌 척수액 배출을 원활히 할 수 있다는 말입니다.

머리를 많이 쓰거나 생각을 많이 하면 뒷목이 뻐근해지지요? 치매를 예방하고 뇌에서 나오는 노폐물을 제거하려면 목 뒤쪽, 그러니까 뒤통수 밑을 자극해주는 것이 좋아요. 생각을 많이 하거나 지식 노동을 하거나 공부를 많이 하는 사람이라면 틈날 때마다 봉으로 뒷목을 문지르고 자극해주어야 합니다.

봉 마사지 법

1 바닥에 등을 대고 누운 상태에서 봉을 뒷목에 대고 목을 좌우로 돌려줍니다. 목을 풀어줄 때는 엉덩이를 바닥에 대고 상체를 약간 뗀 상태로 해야 목에 자극이 강하게 갑니다. 뒷목에서 오도독 하는 소리가 날 정도로 압력을 줘서 풀어주세요. 한번에 100회씩 해주면 얼마 안 가 얼굴의 혈색이 달라질 것입니다.

2 이번에는 봉을 겨드랑이 높이에 대고 천천히 등을 돌려줍니다. 견갑골이 풀어지도록 10~15회 정도 풀어줍니다.

3 점점 내려가서 이번에는 위장과 간이 위치해 있는 허리 위쪽 부위에 봉을 대고 돌리면서 자극을 줍니다. 부위마다 더 아픈 부위가 있는데, 이 부위가 아프다면 위장과 간이 좋지 않은 것입니다. 자극이 가도록 봉으로 천천히 마사지해주세요.

4 봉을 더 밑으로 내려서 콩팥 부위를 눌러줍니다. 허리를 살살 돌려주면서 봉이 콩팥 부위를 자극하도록 해줍니다.

5 이번에는 봉을 손으로 잡고 다리를 들어 봉이 골반 위치에 가도록 한 다음 골반을 좌우로 살살 돌려줍니다. 요추에 자극을

주면 얼굴이 환해진다고 하니 매일 꾸준히 자극해주세요.

발목 치기 운동

　한 일본인이 고질적으로 달고 살던 고혈압, 당뇨, 심장병을 고쳐볼 심산으로 시골로 요양을 갔습니다. 우리 몸은 심장에서 만들어진 피가 혈관을 따라 온몸으로 잘 순환해야 건강해지는데, 아무리 궁리해도 혈액순환을 잘 되게 할 방법이 없었습니다.
　어떻게 병을 치료할까 고민하던 차에 시원하게 쭉쭉 뻗은 나무들이 눈에 들어왔습니다. 자기 키의 몇 배나 되는 나무들이 싱싱한 이파리를 매달고 바람에 흔들리고 있었지요. 하늘에 닿을 듯 쭉쭉 뻗어 있는 저 나무들은 어떻게 물과 영양분을 꼭대기까지 끌어올릴까, 갑자기 그 원리가 궁금해졌습니다.
　가만 보니 나뭇가지의 이파리가 바람에 흔들리면서 펌프 역할을 한다는 것을 알게 되었습니다. 바람이 세게 불면 나무 끝의 가지들이 흔들려서 그 펌핑 작용으로 뿌리의 물이 나무 끝까지 끌어올려지는 것이었지요. 그는 무릎을 탁 쳤습니다. 아, 우리 몸도 그렇겠구나. 나무 꼭대기 가지들이 바람에 흔들리면서 펌핑 작용을 하듯 심장에서 가장 먼 부위를 자극해주면 혈액 순환이 잘되겠구나!

그때부터 그는 심장에서 가장 먼 부위인 발목과 종아리 등 몸의 주요 관절의 뭉쳐 있는 혈을 자극해 혈액순환이 잘 되게 유도하는 방법을 썼습니다. 6개월을 발목 치기를 한 결과, 고질적으로 달고 살던 병이 완쾌되어 다시 도시로 돌아갈 수 있게 되었다고 합니다. 이것이 바로 일본의 이나가키 다미사쿠 선생이 고안한 건강법입니다.

몸이 뻐근하고 집중력이 흐려질 때 자투리 시간을 이용해 발목 치기 운동을 해주세요. 바닥에 누워 발목 부위에 목침을 두고 툭툭 두드려주기를 200회씩 해주면 좋습니다. 혈액순환이 잘 되고 기분 전환이 될 뿐 아니라 당뇨, 고혈압, 심장병 같은 현대인의 고질병도 예방할 수 있습니다. 참선을 오래 한 사람은 물론이고 하루 종일 책상에 앉아 있는 직장인과 수험생들에게 효과적인 건강법입니다.

중요한 것은 무슨 운동이든 건강할 때 습관을 들여야 한다는 점입니다. 몸이 망가진 다음에는 아무리 되돌리려 해도 몸이 100% 회복되지 않으니, 건강은 건강할 때 관리하도록 하세요.

신경 마사지법의 자세한 동작을
더 알아보고 싶다면

네 번째 가르침

네 번째 가르침

화두가 끊어지지 않게 하라

화두를 목전[7]에 두고 보다

호흡법을 시작한 지 1년쯤 되었을 때, 네 번째 가르침을 전수받으러 스님을 찾아갔다. 선방에 들어서자 스님이 부드러운 동작으로 물을 끓이고 찻잔과 차 주전자에 물을 부어 다구를 데웠다. 다구를 데운 물을 버리고 보이차를 덜어 차를 우리는 동작이 물 흐르듯 자연스러웠다.

"자, 가슴 호흡까지 해보니 어떤가요?"

스님께서 물으셨다.

"지난번 가르침으로 가슴에 있는 신경들이 자극되니 호흡

---

7 눈앞, 눈으로 볼 수 있는 아주 가까운 곳이라는 의미로, 스님의 호흡법에서는 검지 손가락을 든 채로 팔을 뻗었을 때, 검지 손가락에 맺히는 시선 정도의 거리, 약 40~50cm의 거리를 뜻한다.

이 점점 차오르는 것 같아요."

"좋아요. 오늘은 이 깊어진 호흡으로 궁극적으로 무엇을 하려고 하는지 알려드리도록 하지요."

스님이 또 어떤 보석 같은 가르침을 전해주실지 기대되었다. 스님이 각자의 찻잔에 차를 따라주시면서 말씀하셨다.

"오늘은 화두에 대해서 다뤄 보도록 하겠습니다. 그동안 우리가 호흡법을 배운 것은 바로 이 화두 수련을 잘하기 위해서입니다. 화두가 무엇이냐, 화두의 話는 말이라는 뜻이고 頭는 머리, 즉 말의 머리라는 뜻이에요. 말이라는 것은 생각과 연관돼 있는데, 생각이 일어나기 전의 자리이기 때문에 말의 머리라고 하는 거예요."

화두에 대한 개념이 아직 잡혀 있지 않은 탓에 스님의 설명이 어렵게만 느껴졌다. 나중에 안 사실이지만, 불교의 수행법은 크게 간화선과 위빠사나로 나뉘는 모양이었다. 간화선은 대승불교, 위빠사나는 초기 불교 전통이 바탕이 된 수행법으로, 간화선에서는 견성의 도구로 화두 참구를 들고 있고, 위빠사나는 해탈의 방법으로 대상을 관찰하는 방식을 채용하고 있다고 한다. 우리는 조계종 스님에게 화두 참구를 배우고 있으므로, 간화선을 하고 있는 셈이었다.

"간화선看話禪은 볼 간看 자에 말 화話 자, 말 그대로 화두를 보는 수련법이에요. 중국 송나라 시대의 선승인 대혜 선사가 만든 말이에요. 그전까지 중국에서는 도교나 신선도에서 하는 단전에 의식을 두는 호흡법을 강조했는데, 간화선은 의식을 화두에 둔다는 것이 가장 큰 차이점이에요. 간화선의 선禪 자를 가만히 들여다보면 보일 시示 변에 홑 단單 자라. 홑이라는 것은 가장 짧은 글, 단어라는 뜻이니 단어를 본다는 의미가 이미 글자 안에 들어 있어요. 단어가 결국 내 마음에서 나오는 화두를 의미하는 것이니 마음 안에서 나오는 글귀를 보는 것이 바로 간화선인 셈이에요."

"스님, 그럼 부처님 시절에는 간화선이 없었나요?"

지인이 물었다.

"부처님 시절에는 간화선이 없었고, 대신 관법이 있었지요. 그때는 금강경의 사구게[8]를 관하게 했어요. 그런데 스무 자나 되는 문구를 관하는 게 여간 번거로운 일이 아닌 거야. AD 3세기 즈음에 인도의 28대 조사인 달마 스님이 중국으로 넘어왔는데, 가

---

8 부처님 시대에 관했던 금강경의 사구게는 '일체유위법 여몽환포영 여로역여전 응작여시관一切有爲法 如夢幻泡影 如露亦如電 應作如是觀'이었다. "일체의 있다고 하는 것은 꿈과 같고 환상과 같고 물거품과 같으며 그림자와 같으며 이슬과 같고 또한 번개와 같으니 응당 이와 같이 관할지니라"라고 해석되는 긴 문구를 관하였다.

만 보니 중국에는 한자가 있는 거야. 한자는 뜻을 응축할 수 있는 글자예요. 그래서 글자 하나를 눈앞에 두고 보는 화두법을 전할 수 있게 된 것입니다."

과연 스무 자나 되는 글자를 관하는 것보다 의미를 함축한 글자 하나를 관하는 게 훨씬 간편할 듯했다.

"화두 수련을 하기 위해서는 먼저 마음이 고요하게 선정에 들어야 하고 선정에 들어가기 전에 호흡과 의식이 하나가 되어야 해요. 그때는 호흡을 한다 안 한다 하는 의식조차 없어요. 무의식적으로 횡격막이 움직여지고, 내가 호흡을 한다는 의식도 없이 화두만 들면 저절로 몸에 맞는 호흡이 알아서 옵니다. 그러니 정확하게 호흡이 되지 않으면 선정에 들어갈 수 없고 화두 수련도 제대로 할 수 없는 거예요."

설명을 들으면 들을수록 화두라는 것이 감이 잡히지 않았다. 스님도 설명하는 게 쉽지 않으신 듯 고심하시더니 다시 예를 드셨다.

"언젠가 TV 프로그램에서 산악인 엄홍길 대장이 나와서 에베레스트에 오른 이야기를 하는 것을 들었어요. 등반을 하다 보면 처음에는 오만 가지 잡생각이 다 드는데, 나중에 힘들고 지치면 생각이 끊어지고 결국 자기 숨소리밖에 들리지 않는 단계가 온다는 거야. 아무 생각 없이 오직 자기 숨소리만 듣고, 힘들다는 생각조차 없이 정상에 갔다왔다는 거예요. 그 얘기를 듣는 순간, 아, 이 사람은 화두를 배운 적이 없지만 그 경지를 경험했구나 하고 알아챘어요. 정상에 오르겠다는 일념과 자기 숨소리밖에 들리지 않는 상태, 오로지 자기 숨소리만 듣고 갈 때는 희로애락이 없어요. 고통이 없는 거야. 그게 바로 화두 보는 호흡을 할 때 우리 몸에서 일어나는 현상이에요."

스님은 좌선을 하고 앉아 있으면 처음에는 이 생각 저 생각이 끼어들지만 화두를 붙들고 정진하다 보면 어느 순간 몸과 마음이 하나가 되어 오로지 호흡만이 남게 되는 순간이 온다고 했다. 그 호흡에 화두를 싣는 것이 화두 보는 호흡이라는 것이다.

"산악인이 정상에 오르고자 하는 일념을 갖고 자기 숨소리만 들으면서 가듯 우리도 마음에서 나오는 화두를 관하면서 계속 호흡을 해요. 산악인이 나중에는 오만 잡다한 생각이 다 사라지고 자기 숨소리밖에 들리지 않듯 우리도 종국에는 화두를 보는 자와 자기 숨소리밖에 남지 않게 돼요. 다만 다른 점이 있다면 산악인은 정상을 정복하면 다시 일상으로 돌아가지만 우리는 일상에서도 지속적으로 화두 보는 호흡을 유지하면서 죽을 때까지 수행하며 살아간다는 점이에요. 이해가 가나요?"

이해가 갈 듯 말 듯했다.

"스님, 모든 의식을 화두를 둔다는 게 여전히 잘 이해가 가지 않습니다."

스님은 지치지도 않고 열정적으로 답을 이어나갔다.

"화두는 주로 상식을 뛰어넘은 문답에 의문을 일으켜 깨달음을 구하는 방식으로 되어 있어요. 대표적인 것으로 무자 화두無字話頭가 있지요. 들어봤나요?"

"이 뭐꼬는 들어봤는데…."

"그래요. 한 승려가 조주 스님을 찾아가 "개에게도 불성이 있습니까?"하고 물었더니 조주 스님이 "무無"라고 답하여 무자 화두가 생겼어요. 구자무불성狗子無佛性, 그러니까 부처님은 일체 중생에게 틀림없이 불성이 있다고 하셨는데, 조주 스님은 왜 '무無'라고 하셨는가. 그 답을 궁구하는 거예요. 이때 헛갈리지 말아야 하는 게 이 무無 자가 없을 무가 아니라는 사실이에요. 화두 보는 호흡은 개에게 불성이 있다와 없다의 답을 분별하려고 하는 게 아니에요. 왜 없다고 했는지를 밝히는 것이 아니라 왜 무無라 했는가, 어째서 무無라 했는가, 내 안에서 끊임없이 나오는 이 무無라는 화두가 대체 무엇인가를 끊임없이 참구하는 거예요."

스님의 설명에 의하면 중생들은 답을 찾는 데 집착한다고 한다. 그래서 개에서 불성이 있다는 것인지 없다는 것인지를 밝히는 것을 중요하게 여긴다. 그 답에 따라 좌로 갔다가 우로 갔다가 마구 흔들리는 게 중생의 분별심이다. 마음에는 항상 이런 움직임이 있는데, 마음이 왜 그렇게 움직이는지 그 이치를 알지 못한 채 이쪽 저쪽으로 휩쓸리기 때문에 고통이 따른다고 한다.

반면 화두 보는 호흡을 하다 보면 고요한 자리에서 자기 마음의 움직임을 볼 수 있게 되고, 결국 마음이 움직이는 이치를 깨우치게 된다고 한다. 고통과 생로병사가 없는 근원의 자리, 중도의 세계로 들어가게 되는 것이다.

호흡과 화두가 따로가 아니다

지금까지 스님이 호흡법에 대해서 그토록 강조한 것은 호흡과 화두가 따로가 아니기 때문이었다. 일반적으로 운동을 하는 사람들은 호흡에만 집중하고, 수행을 하는 사람들은 화두에만 집중하는 경향이 있다. 그런데 스님은 화두가 끊어지지 않는 경지는 호흡을 하지 않고는 이를 수 없다고 단언하셨다.

"스승이신 전강 스님과 송담 큰스님은 항상 말씀하시기를, 호흡과 화두가 따로가 아니라고 하셨어요. 화두와 호흡이 하나라는 것을 흔히 밀가루 반죽으로 비유하곤 해요. 밀가루에 물을 넣으면 처음에는 가루 따로 물 따로, 따로 노는데, 계속 치대다 보면 완벽한 반죽이 되듯이 화두 보는 호흡도 그래요. 처음에는 화두와 호흡이 따로 놀지만, 계속 앉아서 화두를 보면서 호흡을 하다 보면 나중에는 호흡이 되면 화두가 절로 나오고, 화두가 나오면 자연스레 호흡이 되는 경지에 이르게 돼요. 그러니 화두를 보면서 가기도 바쁜데 호흡할 시간이 어디 있느냐고 말할 필요도 없고, 호흡만 해도 충분한데 화두를 왜 보느냐고 할 일도 아니라는 거예요."

결국 화두 보는 호흡법의 가장 강력한 점은 화두만 붙드는 게 아니라 호흡과 화두가 같이 간다는 데 있다. 몸에서 나오는 호흡과 마음에서 나오는 화두가 하나가 되는 그 미세한 감각을 연마하는 호흡법인 셈이다. 스님은 수행하는 사람들 중에도 호흡을 놓치고 화두만 붙드는 경우가 의외로 많다고 지적하셨다.

"스님, 호흡 없이 화두만 들고 가면 어떻게 되나요?"

"화두만 들고 가면 어느 순간 호흡을 놓쳐요. 우리가 책에 완전히 몰입해 있을 때 호흡을 어떻게 하는지 한번 떠올려보세요. 책에 푹 빠져 있을 때는 호흡이 어떻게 되는지 몰라. 호흡을 완전히 잊어버리고 책에만 몰입하는 거예요. 그럴 때 뇌에서는 알파

파와 베타파가 쏟아져 나와요. 그런데 우리가 뭔가에 집중해 있을 때 호흡을 잊어 버리면 몸은 무의식적인 얕은 호흡을 하게 돼요. 얕은 호흡을 하니까 산소가 부족해지고, 심장도 정지된 듯이 움직임이 거의 없게 돼요.

 호흡 없이 화두만 들 때도 마찬가지예요. 화두가 끊임없이 나오려면 우리 몸에 그만한 에너지가 있어야 해요. 호흡을 열심히 해서 몸의 긴장이 다 풀리고, 폐와 심장에 압이 차면서 혈액과 호르몬이 뇌로 원활하게 공급돼야 힘 있게 화두를 들 수 있어요. 그런데 횡격막 호흡을 하지 않고 화두만 든다? 그러면 정신 작용은 활발한데, 얕은 호흡으로 산소가 부족해지니 결국 화두를 지속적으로 붙들기가 어려워지는 거예요."

 수행자라면 하루 24시간 꿈 속에서도 화두가 끊어지지 않아야 하는데, 그만한 지속성을 유지하기 위해서는 호흡을 간과할 수 없다는 말이다.

 스님은 운동할 때는 호흡하는 것을 당연하게 여기는 사람들도 일상생활에서는 호흡을 의식하지 않는다고 안타까워하셨다. 밥을 먹고 양치를 하고 책을 읽고 걸을 때도 호흡을 놓치지 말아야 한다는 것이 스님의 가르침이었다. 그래야 뇌로 산소가 끊임없이 공급돼 지치지 않고 지속적으로 생활할 수 있기 때문이다.

차 주전자를 들고 잔에 물을 따를 때도, 차를 우릴 때도 마찬가지였다. 스님은 그 모든 행동에 호흡이 깃들어 있어야 한다고 강조하셨다.

"몸이 움직이는 것은 마음이 움직이는 것인데, 사람들의 가장 큰 문제는 거기에 호흡이 빠져 있다는 거예요. 무엇이든 움직임이 있으면 자연히 호흡이 따라와야 합니다."

일상생활과 호흡이 하나가 될 때, 차를 따르는 스님처럼 물 흐르듯 자연스러운 움직임이 가능해지는 것 같았다.

"세상 사람들은 자기가 지금 깊은 호흡을 하고 있는지 아닌지, 호흡이 끊어졌는지 어떤지 의식조차 하지 않고 살아가요. 그런데 몸과 마음과 영혼이 건강하게 살아가려면 항상 호흡과 화두가 끊어지지 않아야 해요. 내가 가르치는 호흡법은 일상생활을 하든 운동을 하든 화두를 들든 호흡이 끊어지지 않도록 하라는 건데, 이런 호흡법을 가르치는 사람은 아무도 없어요. 이 호흡법을 뭐라고 하면 좋을까? 화두 따로 호흡 따로가 아니라 화두와 호흡이 하나인 호흡법이니까 화두 보는 호흡법이라고 하면 될까요? 이게 내 호흡법의 핵심이라고 할 수 있어요."

호흡은 성성하게, 화두는 끊어지지 않게

"스님, 화두 보는 호흡을 할 때 의식을 어디에 두어야 하나요? 단전에 두는 게 맞나요?"

스님은 고개를 저었다.

"만약 상기가 되고 훈련이 안 된 사람이라면 할 수 없이 의식을 단전에 두어야 해요. 그래서 국선도나 단학 하는 사람, 도교 하는 사람, 태극권 하는 사람들은 다 의식을 단전에 둡니다. 초보자가 수련을 할 때 의식이 바깥으로 쏠려 산란하고 망상이 생기는 것을 막으려는 것입니다. 그러나 우리 불교 수행자들에게는 화두가 있어요. 우리는 관법을 하기 때문에 미세하게 온몸을 저절로 관觀하게 됩니다. 그래서 인천 용화사 전강 스님과 송담 큰스님께서는 화두를 목전에 두고 정진하라고 하셨어요."

화두를 보는 수행법이 바로 간화선이다. 불교 선종의 조사들이 만들어낸 화두는 자그마치 1700개가 넘는다고 한다.

"스님, 화두를 들 때 하나의 단어나 문장을 반복하는 이유는 무엇인가요?"

스님이 답하셨다.

"우선 우리 내면으로 들어갈 때, 잡념이 끼어들지 않기 위해서예요. 우리 뇌는 가만히 내버려두면 수다스러울 정도로 생각을 많이 해요. 잡념에서 벗어나고 싶어도 그 생각 안에 갇혀 있으면 벗어나기가 쉽지 않죠. 잡념에서 벗어나는 방법은 의식을 모으는 것인데, 한 생각에서 벗어나기 위해 다른 생각으로 옮겨가는 것은 꼬리에 꼬리를 물고 잡념의 숲을 헤매는 것과 같아요. 생각이나 사념이 이곳에서 저곳으로 옮겨 다니지 않고 하나로 관통해서 크게 깨닫기 위해 단어 하나를 붙드는 거예요."

"그런다고 사념이 사라질까요?"

내가 반문했다.

"그래서 조선 중기의 휴정이라는 고승은 화두를 드는 자세에 대해 이렇게 썼어요. '닭이 알을 안을 때는 더운 기운이 늘 지속되고 있으며, 고양이가 쥐를 잡을 때는 마음과 눈이 움직이지 않게 되고, 주린 때 밥 생각하는 것이나 목 마를 때 물 생각하는 것이나 어린아이가 엄마를 생각하는 것은 모두가 진심에서 우러난 것이고 억지로 지어서 내는 마음이 아니므로 간절한 것이다. 참선하는 데 있어 이렇듯 간절한 마음이 없이 깨친다는 것은 있을 수 없는 일이다.'"

닭이 알을 품듯이 맹수가 먹이를 노리듯이 배고플 때 밥 생각하듯이 간절하고도 정성스런 마음으로 화두를 봐야 한다는 말이었다.

우리의 의식은 일상생활을 하는 동안 표면의식에 머물러 있지만 명상을 하는 동안에는 더 깊은 무의식 차원까지 내려갈 수 있다. 화두는 그 깊은 의식까지 관통해서 내려갈 수 있는 동아줄 같은 것이다. 그러려면 화두를 끊어짐 없이 붙들 수 있는 힘이 필요하다고 스님은 강조하셨다.

"중요한 것은 화두는 생각으로 답을 찾는 게 아니라는 사실이에요. 호흡에 화두를 실어 화두가 끊이지 않는 경지에 이를 때, 화두를 보는 호흡법이 무르익어 자신이 점차 정화되고 비워질 때, 세상사 이치를 직관적으로 깨닫게 된다는 것이 더 정확한 표현일 거예요."

"무슨 말인지 알 것 같아요. 어렸을 때 아버지가 뭘 물어보면 제가 바로바로 답을 하곤 했는데, 그때마다 아버지가 너는 참 궁리를 잘한다고 하셨어요. 그런데 저는 궁리를 한 게 아니고 그냥 떠오르는 대로 말씀드린 거거든요."

우리 중에 호흡 수련을 가장 오래한 분이 부연했다.

"그래, 그거야. 자기가 많이 알고 많이 배워서 답을 하는 게 아니라 화두 보는 호흡을 통해 자신이 비워지고 의식이 우주의식과 연결될 때 필요한 답을 바로바로 꺼내 쓸 수 있게 되는 거야."

"하지만 스님, 초심자는 화두를 끊어지지 않게 반복하는 것이 여간 어려운 게 아니에요. 조금만 방심하면 주의가 흩어지고 화두는 온 데 간 데 없어져 버려요. 화두가 끊기지 않게 하려면 어떻게 해야 하나요?"

"호흡에 화두를 싣는 게 그래서 중요한 거예요. 다시 엄홍길로 돌아와서 히말라야를 오르던 그에게는 정상에 오르겠다는 목표가 분명히 있었어요. 동시에 호흡을 하면서 자기 숨소리를 들은 거예요. 까딱 잘못하면 천길 낭떠러지로 떨어질 수 있는 위험한 상황에서도 정상에 오르겠다는 '화두'를 붙들고 호흡을 한 거라. 오로지 일념을 가지고 자기 숨소리를 듣는 것, 그게 현재에 오롯이 존재하는 방법이고 우리가 하는 화두 보는 호흡의 극치인 것입니다."

그렇다면 엄홍길 대장 같은 산악인은 이미 깨달은 것일지 문득 궁금해졌다. 스님은 눈빛을 빛내며 말씀하셨다.

"아쉬운 게 있다면 산악인들에게는 지속성이 없다는 거예요. 산악인들은 정상 정복이라는 목표가 달성되면 다시 일상으로 돌아가 화두와 호흡을 놓아 버려요. 반면에 우리 수행하는 사람들은 반드시 자기 마음이 움직이는 이치를 확연히 보겠다는 일념으로, 하루 24시간 죽을 때까지 화두와 호흡을 붙들고 가는 거예요. 그 차이를 이제 알겠어요?"

스님은 화두가 끊어지면 혼침[9]이 오거나 잠에 빠지거나 무기[10]에 들어가게 된다고 주의를 주셨다.

"호흡은 성성하게, 화두는 끊어지지 않게, 이게 핵심이에요. 멈춰 있을 때도 움직일 때도, 앉으나 서나, 쉴 때도 잠 잘 때도 꿈속에서도 화두가 끊어지지 않고 24시간 이어지면 비로소 화두와 호흡이 하나가 된 거예요."

스님은 수행자들이 밥 먹고 참선만 하면서 집중 수행을 할 경우, 몇 개월 안에 화두와 호흡이 하나가 되는 것을 경험할 수 있다고 하셨다. 그렇지만 보통 사람들이 일상생활을 하면서 그렇게 되기까지는 족히 2년은 잡아야 한다고 가늠하셨다.

행주좌와 어묵동정 몽중일여의 경지

스님은 좌선할 때만이 아니라 일상생활에서도 끊임없이 화두를 들고 가야 한다고 강조하셨다.

"화두는 동動 중에도 몽動 중에도 숙면 중에도 일여해야 해요."

---

9 좌선할 때 정신이 맑지 못하여 아주 흐려지는 것.
10 좌선할 때 마음을 텅 비우는 데 집착한 나머지 아무것도 없이 멍한 상태가 되는 것.

"그게 무슨 뜻인가요?"

"일여一如하다는 것은 한결같다는 거예요. 화두 수련에서 일여하다는 말은 화두 참구를 열심히 하면 오매불망 화두가 잊히지 않고 생생하고 한결 같게 됨을 말하는 거예요."

같은 맥락으로 행주좌와行住坐臥 어묵동정語默動靜 몽중일여夢中一如라는 말은 오고 가고 앉으나 서나 말할 때나 침묵할 때나 가만히 있거나 움직일 때나 꿈속에서도 화두를 한결 같이 붙들고 가는 경지를 말한다.

아침에 눈을 뜬 순간부터 저녁에 잠드는 순간까지 앉으나 서나 말할 때나 침묵할 때나 조용할 때나 시끄러울 때나 화두가 머릿속을 떠나지 않는 경지, 마음속에 빈틈없이 화두가 꽉 찬 상태가 되는 게 가능하기나 한 걸까.

문득 사춘기 시절에 수학 선생님을 짝사랑했던 기억이 떠올랐다. 며칠 동안 끊임없이 선생님 생각을 했더니 온통 머릿속이 선생님 생각으로 가득 차 나중에는 생각하지 않으려 해도 저절로 선생님 생각이 났다. 그쯤 되자 이제는 선생님에 대한 생각을 지우기가 어려울 지경이었다. 그러기를 며칠째, 꿈에 선생님이 나왔다. 교문을 올라가고 있는데, 등 뒤에서 선생님이 "집이 어디냐?"고 물어보셨다. 깜짝 놀라 눈을 떴는데, 그 순간이 하도 생생해 꿈을 깨서도 또렷하게 기억에 남았다. 더 신기한 것은 다음 날 학교에 갔더니 선생님이 교무실로 부르시더니 집이 어디냐고 꿈에서와 똑같이 물어보셨다는 사실이다. 그러고는 수학 문제집 한 권을 선물로 주셨다.

좋아하는 마음을 품는 것은 그만큼 강력하고 중독성이 강하다. 하루 종일 짝사랑하는 상대만 떠올리며 시간을 보낼 수도 있다. 하지만 화두를 그렇게 드는 게 가능할까? 화두에는 그만한 중독성이 없다. 닭이 알을 품듯 아기가 엄마를 바라보듯 오매불망 화두를 품으라고 하지만, '이 뭐꼬'나 '무'라는 무미건조한 글자에 온 마음을 쏟아 붓는다는 게 쉬운 일은 아니었다. 스님은 말씀하셨다.

"처음 화두를 들면 무색무취해요. 아무 느낌도 없고 그냥 그래. 그런데 내가 진짜로 내 안에서 나오는 마음을 보겠다는 마음을 내면, 옆에 사람이 있거나 없거나 무슨 일이 일어나거나 말거나 동요 없이 화두에만 집중할 수 있게 돼요."

"그 정도로 간절한 마음이 안 일어나는데, 그 마음은 어떻게 일으키나요?"

답답한 마음에 내가 물었다.

"우리가 등산을 할 때, 높은 산을 오르기 위해서 용을 쓰나요

안 쓰나요?"

"용을 쓰죠."

"그처럼 화두를 들 때도 마냥 편안하게 앉아 있는 게 아니라 용을 써야 돼요. 자동차가 멈췄다가 다시 움직일 때 폭발적인 에너지를 내는 것처럼, 우주선이 대기권을 빠져나갈 때 거의 대부분의 에너지를 다 쓰는 것처럼, 화두를 들 때도 처음에는 용을 써야 합니다."

그럴 때 발휘되는 것이 대신심大信心, 대분심大憤心, 대의심大疑心이라고 스님은 말씀하셨다.

"이 공부를 할 때는 마음의 힘이 있어야 해요. 남들이 나를 음해하고 곡해하면 억울하고 분한 마음이 일어나죠? 화두를 들 때도 그와 같은 마음을 낼 수 있어야 해요. 그게 바로 대분심이에요. 억울하면 분한 마음이 나오고, 궁하면 돈 생각이 간절하고, 배가 고프면 먹을 것 생각밖에 안 나는 것처럼 좌선을 할 때도 그런 간절한 마음을 내야 합니다."

같은 맥락에서 대신심은 정말로 문제를 해결하고 싶고 내게 그런 힘이 있다는 것을 믿는 마음이고, 대의심은 이게 맞나 틀리나 하는 분별적 의심이 아니라 내가 모르기 때문에 꼭 알아야겠다는 간절한 마음이라고 한다.

"돈 욕심 있는 사람은 돈이 좀 벌리면 자는 시간도 쪼개가면서 돈 버는 데 에너지를 쏟죠? 화두를 들고 좌선을 하는 사람도 궁극적으로는 그런 마음이 나와야 합니다."

"스님, 저는 참선을 할 때 그 정도로 마음이 일어나지 않는데요?"

내가 시무룩하게 말하자 스님은 소탈하게 허허 웃으셨다.

"이제 해봐, 그럼 나올 거야. 노름꾼이 밤새 노름을 하면서도 피곤한 줄 모르듯이, 알코올중독자가 술 한 모금 들어가면 몸에서 전율이 일어나듯이 수행자도 화두를 들면 그런 간절하고 애틋한 마음이 일어나게 됩니다. 자꾸 할수록 화두에 맛이 있고 향기가 있으니 그걸 느껴보도록 하세요."

40년 공력의 스님은 배고플 때 밥을 먹으면 기분이 좋아지고 목마를 때 물을 마시면 갈증이 해소되듯이 화두를 들고 숨을 내쉬었다가 들이쉴 때도 온몸이 릴랙스되면서 만족감이 차오른다고 하셨다. 스님은 한 술 더 떠 이렇게 말씀하셨다.

"밥은 하루 세 끼 먹으면 더 먹기 어렵잖아요. 그런데 숨은 매 순간 새로 쉴 수 있으니 얼마나 좋아요?"

몸의 긴장을 다 푼 상태에서 호흡을 깊게 하는 것만으로 그 기쁨이 말로 형언하기 어려울 정도라는 말씀이었다.

스님의 말씀을 나침반 삼아 무심히 앉아서 호흡에 회두를 실어 계속 밀고 나가다 보면 어느 순간 몰입이 되는 때가 있었다. 화두만 주시하면서 나아갈 수 있는 때가 간혹 있었다. 스님은 그런 상태에 이르러야 선승이 빠지기 쉬운 산란散亂[11]이나 혼침昏沈, 수마睡魔, 무기공無記空 등의 심리적인 어려움에서 벗어날 수 있다고 하셨다.

좌선을 할 때 반개를 해야 하는 이유

그해 겨울에는 스님이 서울 근교 절로 동안거를 들어가셨다. 우리는 스님이 가까이 오신 김에 가르침을 받아야겠다고 의기투합했다. 동안거 중에 대중 법회가 있는 날, 스님을 찾아뵙고 근처 카페로 향했다. 층고가 높고 규모가 으리으리한 카페였다. 요즘은 교외에 이렇게 큰 카페를 차리는 것이 유행이었다.

"평일 낮이라 사람도 없고, 카페가 확 트여서 좋네요. 이 맛에 근교로 나오나 봐요."

카페를 둘러보며 내가 말했다. 그도 그럴 것이 한낮의 카페에는 우리 말고 손님이 없었다. 웬만한 공장보다 넓은 공간을 독차

---
11   흐트러지고 어지러운 마음 상태.

지할 수 있어 쾌적했다. 스님은 자리에 앉자마자 수련 점검부터 하셨다.

"호흡법 하면서 궁금한 점 없었나요?"

내가 먼저 물었다.

"스님, 화두 보는 호흡을 할 때 반개半開[12]를 하는 것이 아직도 어색한데, 눈을 감고 하면 안 되나요?"

"초심자는 눈을 감으면 집중이 더 잘 되는 것 같지만, 장기적으로는 눈을 뜨거나 반개를 하는 것이 좋아요. 눈을 감는 게 편해지면 결국 머릿속에 떠오르는 생각에 의식을 빼앗기기 쉽거든. 화두를 드는 것은 우리가 육식을 넘어 칠식, 팔식, 구식까지 가기 위한 것인데, 그러기 위해서는 이 '식'이라는 것을 이해할 필요가 있어요."

스님은 불교의 심식관審識觀에 대해 설명하셨다. 마음을 심층적으로 나누면 다섯 가지로 분류할 수 있다. 우선 안식眼意, 이식耳意, 비식鼻意, 설식舌意, 신식身意의 오식은 눈, 코, 귀, 입, 뇌라는 몸의 감각으로 받아들이는 정보들을 말한다. 감각적으로 받아들이는 오식 다음에 오는 여섯 번째 식은 의식意識이다. 지각

---

[12] 반쯤 열리거나 벌어진다는 의미로, 화두 보는 호흡에서는 눈을 반쯤 가볍게 뜨는 것을 말한다.

하고 인지하며 대상에 주의를 기울이는 마음.

불교에서는 이 육식 외에 세 가지를 더해 인간의 식 작용을 설명하고 있다. 칠식은 의식(육식)과 아뢰야식(팔식, 근원적인 마음) 사이에 있는 영역으로, 심리학적으로 설명하면 나라는 에고의 영역에 해당한다. 시비를 분별하고 호오를 판단한다.

팔식은 아뢰야식으로, 우리 마음의 근원적인 의식이다. 팔식은 오식, 육식, 칠식에서 경험한 모든 정보들을 저장하는 무의식에 상응하는 것이며, 모든 집착과 업을 저장하고 있는 우주의 슈퍼의식이라고 할 수 있다.

구식은 수행하는 사람들이 추구하고자 하는 있는 그대로의 지혜롭고 자비롭고 밝은 본래의 마음이다. 수행을 통해 부처가 획득한 불성이 이에 해당한다.

칠식은 육식을 통해 저장되는 인식이며, 육식과 팔식의 전달체이다. 팔식은 영혼에 저장된 인식이다. 따라서 감각대로 사는 사람은 육식으로 사는 사람이며, 두뇌에 각인되는 지식으로 사는 사람은 칠식으로 사는 사람이다. 수행하는 사람은 육식과 칠식을 통해서 팔식에 저장된 인식을 제거하기 위해 수행을 한다. 수행을 통해 부처님 경지에 이르면 그제야 구식으로 살게 된다.

스님은 호흡은 육식의 영역이고, 화두는 팔식의 영역이라고 말씀하셨다. 따라서 화두 보는 호흡은 육식과 팔식을 오가며 의식을 미세하게 조율해가는 방법인 셈이다.

"눈을 뜨는 이유는 본다는 것이 인식과 연결돼 있기 때문이에요. 우리가 좋다 나쁘다 안전하다 위험하다 이런 판단을 하는 근거의 90%는 시각적 인식 작용을 통해서예요. 촉각, 후각, 청각이 차지하는 부분은 시각에 비하면 미미해요."

스님은 차를 따르던 주전자를 가리켰다.

"우리가 뭔가를 이해하고 깨달았던 과정을 한번 생각해보세요. 한 번 보고 대발하는 사람도 있지만, 대부분은 계속 보고 이해하고 또 보는 과정을 반복함으로써 암기가 되고 개념이 정립되잖아요. 이 주전자라는 것도, 우리가 주전자를 보고 그게 주전자라는 것을 반복해서 인식함으로써 우리 머릿속에 주전자라는 개념이 잡힌 거예요. 직관이나 지혜, 알아차림 역시 실은 보고 나서 아는 거야. 안 보고 이해해봐야 장님 코끼리 다리 만지는 격이지. 이처럼 본다는 것은 안다는 개념과 연결되어 있고 안다는 것은 90%가 봄으로써 일어나는 인식 작용이에요. 우리는 몸을 가진 존재이니, 이 몸뚱이의 반복 훈련을 통해 보고 생각하고 보고 생각하면서 세상을 이해해 가는 거예요."

"본다는 게 인식에서 그렇게 중요한 비중을 차지하는군요."

"그렇지. 세상 사람들의 낙은 대부분 보는 데서 와. 아름다운 색을 보고 멋진 자연 경관을 보고 신기한 것을 보는 데서 즐거움이 생기는 거야. 그러다 보니 문화가 발달할수록 시각적으로 화려해질 수밖에 없어요. 요즘 카페 가봐. 옛날과는 천지 차이지. 옛날에는 아담하고 소박한 카페가 많았는데, 요즘은 정원도 으리으리하고 규모가 어마어마해. 그만큼 사람들이 시각적 즐거움을 찾는 데 몰두하고 있는 거야. 그걸 우리는 색色이라고 해요. 마음이 모양을 좇아가는 것. 세상 사람들은 모두 그게 좋은 줄 알고 우루루 쫓아가는 거야."

"수행하는 사람들은 다른가요?"

"물론 수행하는 사람들에게도 본다는 것은 즐거움이에요. 대신 무엇을 보느냐가 다르죠. 우리가 목전에 화두를 들고 마음을 관觀하다 보면 그 안에 고요하고 청결한 것이 있어. 팔식의 고요함과 대자연의 이치가 그 안에 들어 있어. 그걸 느끼고 보기까지가 힘이 들지, 한번 그걸 맛보면 세상사 시각적인 즐거움과는 비교가 안 돼요. 그 고요하고 청결한 것에 비하면 세상의 것들은 현란하기만 하거든. 그래서 우리 같은 수행자들은 세상 사람들이 가는 데를 쫓아가지 않아요. 눈에 보이는 것들은 계속 변한다는 걸 아니까. 변하는 걸 쫓아가면 만족이라는 게 없어요. 그게 심법心法이라."

맞는 말이었다. 이 카페에 만족한가 싶으면 바로 더 크고 좋은 카페가 생겨난다. 처음에는 만족하는가 싶다가도 두 번 세 번 보면 금세 시들해진다. 그러면 더 크고 좋은 카페를 찾아 나서게 되고, 더 즐거운 눈요기 거리를 찾아 다닌다. 남들 보기에 화려하고 좋은 것을 경쟁적으로 경험하고 업데이트하는 인스타가 대표적이다. 사는 동안 이런 행위의 끝없는 반복일 뿐, 죽을 때까지 만족이란 없는 것이다.

"앉아서 참선하는 맛을 알게 되면 참선할 때가 가장 좋아. 가만히 앉아서 목전에 화두를 두고 내 안에서 나오는 생각들을 보는 거야. 그러면 생각이 끊임없이 바뀌어. 그런데 그 안에 변하지 않는 것이 딱 하나 있는데, 그게 나라는 존재야. 나라는 존재는 변하지 않는다. 그래서 성현들은 이 세상에 보고 즐길 만한 게 뭐가 있는가 하니 자기 마음을 보는 것이라. 마음에 몰입하는 데서 오는 낙은 변하지 않는다. 이게 최고의 낙이자 최고의 공부라고 하셨어요."

스님은 밭에 보물을 숨겨둔 농부와 같이 눈빛을 빛내며 말씀하셨다. 참선할 때의 즐거움이 그토록 대단하다니, 스님이 참선할 때 일어나는 마음 작용을 들여다볼 수 있는 엑스레이나 MRI

촬영기기가 있다면 얼마나 좋을까 하는 생각이 들었다.

"그런데 스님, 화두를 들고 허공을 보고 있는 건데, 그게 어떻게 자기 마음을 보는 건지 이해가 잘 안 됩니다."

"그래, 이 개념이 어려워. 잘 들어봐요. 숨을 쉬고 내쉴 때마다 화두를 들죠. 화두가 내 안에서 나오잖아요. 만약 무자 화두를 들었다면, '무'라는 글자가 끊임없이 내 안에서 나오는 거예요. 그럴 때 눈은 반개를 하고 목전을 보고 있어요. 우리가 멍 때리면서 넋이 나간 것처럼 앉아 있어도 허공의 어느 한 곳을 보고 있는 거야. 거기에 화두를 딱 두는 거예요. 그 지점에 내 안에서 나오는 염파를 때리는 거예요. 돋보기로 햇빛을 모으듯이."

스님의 설명에 따라 허공의 한 점을 응시해보았다.

"스님, 눈이 아픈데요."

"아니, 아니. 눈이 아플 정도로 초점을 정확하게 맞추라는 얘기가 아니고. 초점을 맞추면 시각이 발동하니까 육식이 작동하는 거예요. 육식은 3차원의 것이지. 우리는 3차원 세계가 아닌 마음의 세계를 응시하는 거라서 힘을 빼고 지긋이 바라봐야 해. 왼쪽 눈과 오른쪽 눈의 초점이 하나로 맞춰지지 않는 상태를 잘 만들어봐요.

화두를 가만히 보고 있으면, 호흡이 미세해지고 마음이 고요해지면서 저 깊은 곳에서 나오는 그 이상의 감각을 느낄 때가 있어요. 그게 무엇이냐? 바로 칠식이다. 정신이 고요한 가운데 잡히는 감각. 그 감각을 잘 찾아야 돼요."

"칠식의 감각을 깨우려면 고요해져야 하는 건가요?"

"그렇지. 내가 지금 하는 말은 육식으로 들리지. 육식으로 들리는 것들은 파장이 커. 그런데 조용하게 들려오는 것은 파장이 작고 아주 미세해. 이렇게 고요하고 미세한 파장에서 칠식, 팔식, 구식이 발달하는 거예요. 그러니 편안하면 편안할수록, 고요하면 고요할수록 식이 발달해. 절집 안에서는 묵언하라는 이유가 바로 이 때문이에요. 고요해야 미세한 감각을 깨울 수 있거든."

"그런데 요즘 아이들은 조용하게 있으면 견디지를 못하잖아요. 틈만 나면 핸드폰 게임 하고, 공부를 하더라도 음악을 들어야 한대요. 아무것도 하지 않고 가만히 앉아 있는 것을 진짜 못 견디더라고요."

"그래, 그게 참 문제야. 그러면 칠식 이상의 감각을 깨울 수가 없어요. 평생 육식 안에 갇혀 살다 가는 거지. 우리 같은 수행자들은 반대로 시끄러운 데 가면 적응이 잘 안 돼요. 고요하게 앉아 있으면 내 안에서 화두가 끊임없이 나와요. 미세한 파장이 나오는 거예요. 그 마음을 보는 것이 화두 수련인 거라."

화두를 들고 마음을 닦을수록 식이 하나씩 더 넓어지면서 지혜가 발동한다고 스님은 설명하셨다. 이렇게 수행을 통해 완성에 이른 부처님 경지가 바로 구식이라고 한다.

호흡을 정밀하게, 더 정밀하게

스님은 우리가 좌선을 하는 것은 선정禪定에 들기 위해서인데, 정진精進할 때의 정 자는 바를 정正 자가 아니고 미세할 정精 자를 쓴다고 하셨다.

"호흡이 미세하면 화두도 미세하게 됩니다. 미세하게 호흡을 하면 오안五眼[13]이 열려요. 육안, 다음에 천안, 혜안, 법안 그 다음에 불안이 반드시 옵니다."

스님의 말씀에 한 가지 의문이 생겼다.

"스님께서 그동안 호흡을 크고 깊게 하라고 강조하셨잖아요. 그런데 호흡을 크고 깊게 하면 고요하고 미세해지기가 어렵지

---

13 수행의 정도에 따라 발달하게 되는 다섯 단계의 눈을 의미한다. 육안肉眼은 물질세계를 감각하는 육신의 눈이며, 천안天眼은 겉모습만 보고 본성까지는 꿰뚫어보지 못하는 눈이다. 혜안慧眼은 현상의 이치를 보지만 중생을 구제하지는 못하는 눈이며, 법안法眼은 현상의 참모습과 중생을 구제하는 방법을 아는 보살의 눈이다. 마지막으로 불안佛眼은 모든 것을 꿰뚫어 볼 수 있는 부처의 눈이다.

않나요?"

"그래서 오늘은 호흡의 마지막 단계에 대해 이야기하려고 해요. 식을 발달시키는 정의 단계로 들어가기 위해서는 호흡을 느리고 미세하게 해야 해요. 하는지 안 하는지조차 모를 정도로 미세하게 호흡을 하면 고요한 정의 경지로 들어갈 수 있어요."

"호흡을 가늘고 길게 하라고요?"

"그래요. 가늘고 길게. 그런데 호흡을 미세하게 하랬다고 얕은 호흡을 하는 사람들이 있는데, 그건 아니에요. 사실 일반인들이 하는 호흡, 그냥 살기 위해서 무의식적으로 하는 호흡은 호흡이라고 할 수도 없어요. 얕은 호흡은 의식을 발달시키는 호흡이 아니라 그저 살기 위해서 본능적으로 하는 호흡에 불과하니까."

얕은 호흡을 하게 되면 가슴에 병이 생기고 수마에 빠지게 된다고 스님은 경고하셨다.

"지금까지 단련해왔던 깊은 호흡을 하되, 그 호흡을 느리고 가늘게 가져가라는 거예요. 화두와 호흡이 하나가 되면 자연스레 호흡이 더 미세해져요. 지금까지는 4~5초 안에 한 호흡을 했다면 이제는 15초, 20초 안에 한 호흡을 모아보는 거예요. 우리가 재미있는 영화를 보거나 아름다운 경치를 볼 때는 자기도 모르게 빠져들잖아요? 그처럼 화두를 보는 데 빠져드는 거예요. 그러면 호흡을 하는지 안 하는지조차 모르게 되고, 화두가 아주 고요한 어떤 데에 머물게 됩니다. 이렇게 고요해지면 고요해질수록 식이 발달해요. 그 식을 발전시켜서 칠식에서 구식까지 가는 게 우리의 목표예요."

"왜 호흡이 고요할 때 식이 발달하나요?"

"의식은 육식의 힘에 따라 작동되기 때문에 그래요. 어떤 사람이 급해서 택시를 쫓아가서 잡았다고 합시다. 그러면 숨을 헐떡이겠죠? 호흡이 진정되기 전까지는 우리 뇌도 진정이 안 돼요. 심장이 벌렁벌렁 뛰면 뇌고 화두고 같이 긴박한 상황에 처해 있는 거지 심장 따로 뇌 따로 움직이지 않아요. 그러다 심장이 진정이 되고 고요해지면 의식도 같이 고요해져요. 이렇듯 의식은 육식의 힘에 따라 작동되는 거예요. 그러니 육식이 고요해질 때 의식이 깨어나는 거예요."

스님은 그동안 호흡의 크기를 늘리는 훈련을 했으니 이제 더 미세하게 호흡함으로써 식이 발달할 수 있도록 하라고 권하셨다.

"주의할 것은 호흡을 하는지 안 하는지 모를 정도로 미세하게 한다고 해서 호흡을 놓치면 안 된다는 사실이에요. 호흡은 계속 리듬을 타야 해요. 어떤 경계가 오더라도 숨은 항상 들이쉬고 내쉬고 있어야 해요. 그래야 의식이 항상 현재에 있을 수 있어요."

"스님, 호흡을 미세하게 할 때 식이 발달하고 있다는 것을 어떻게 알 수 있나요?"

"식이 발달할수록 더 고요해져요. 고요하면 의식이 어디에서 나오는지 알 수 있어요. 아주 섬세하고 고요한 데서 의식이 나와요. 호흡을 하면서 의식이 아주 고요해지는 그 자리로 들어가면 말할 수 없이 편안해져요."

스님은 우리 의식이 가장 고요할 때가 잠들기 바로 직전에 비몽사몽할 때라고 하셨다. 잠을 잘 때 인간은 그 고요함 속에서 4차원의 세계, 자신의 무의식에 접속할 수 있게 된다고 한다.

"이렇게 고요한 데 머물면서 식이 발달하게 되면 세상일에는 점점 흥미가 떨어지는 단계가 와요. 누가 어디 놀러 가자고 해도 별로 흥미가 생기지 않고 그저 자리에 앉아서 참선하는 것이 제일 좋은 거라. 남이 뭐라고 하든 앉아서 화두를 끌고 나가는 힘, 이게 작동이 안 되면 참선을 잘 하다가도 어느 순간 흐지부지 되는 수가 있어요. 무슨 말인지 알겠어요?"

"네, 스님."

알 듯 모를 듯했지만 일단 그렇게 대답했다.

"현대인들이 어느 때보다 많이 누리고 살면서도 왜 그렇게 불안하고 조바심치고 우울증에 시달릴까요? 지금 이 순간에 온전히 존재하지 못하기 때문에 그래요. 호흡이 안 되면 현재에 머물 수 없고, 과거나 미래에 휘둘리게 됩니다. 그러면 삶의 질이 떨어지고, 그 사람의 가치 자체가 떨어지게 돼요. 알고 보면 이게 다 호흡이 제대로 되지 않기 때문에 일어나는 일이에요."

"고로, 가부좌로 앉아서 반개를 하고 정밀하고 미세한 호흡을 하라."

"바로 그거예요. 처음에 말한 것처럼 눈으로 보는 즐거움은 도 닦는 사람이나 보통 사람이나 다 똑같아요. 다 보는 데서 오는 낙이 있어. 그런데 뭘 보느냐, 그 대상에 차이가 있는 거야. 보통 사람들은 그저 눈에 보기 좋은 것, 현란한 것만 찾아. 책을 보고 독서를 하거나 클래식 음악을 듣는 사람은 그나마 격이 좀 있는 사람이야. 하지만 수행자는 자기 마음을 본다. 수행자의 최고의 낙은 자기가 자기 마음을 보는 자로 남는 것이라는 사실을 기억하기 바라요."

화두 속에 홀로 존재하기

돌아보면 스님의 호흡법을 훈련한 지 2년이 다 되어서까지도 화두를 본다는 것에 대해서 감을 잡지 못했던 것 같다. 아마도 이전에 그런 훈련을 해본 적이 없는 탓일 것이다. 계속 비슷한 질문을 반복하는 나에게 스님은 이렇게 설명해주셨다.

"화두를 목전에 두고 가만히 보고 있으면 처음에는 그냥 화두를 반복하는 자기 소리밖에 없어요. 그런데 계속 의식이 화두를 보다 보면 나중에는 시선이 머무는 자리에 알 수 없는 한 물건이 존재한다는 것을 느껴요. 볼래야 볼 수 없고 만질래야 만질 수 없는 어떤 것, 그게 바로 의단[14]이에요. 그놈을 보고자 가는 거예요."

화두의 모양을 본다는 것[15], 서산대사도 십 년을 용맹 정진한 후에 득도를 하셨다고 하니, 애초에 나는 마음을 반쯤 비우고 의식을 화두에 집중하는 데만 목표를 두었다.

반개를 해야 하는 이유도 눈을 뜬 상태에서 화두를 '봐야'하기 때문이었다. 반개를 하고 시선을 45도 앞에 둔 채 가부좌로 앉아서 호흡에 실려 나오는 화두를 바라보는 것. 내가 이해한 화두 보는 호흡법은 그게 전부였다. 그렇게 할 때 일어나는 호흡의 드나듦을 주시하면서 의식이 현재에 머물도록 하는 것. 그런 훈련

---

14 오직 화두에만 몰두하다 보면 마음 속에 화두에 대한 의심이 끊임없이 지속되는 상태에 이르게 되는데, 이를 의정疑情이라 한다. 화두를 간절히 의심해 들어가다 보면 의정이 무르익어 한 덩어리로 뭉쳐지는데, 이를 의단疑團이라 한다.

15 진공묘유眞空妙有. 만물은 공空하기 때문에 고정 불변하는 실체 없이 다양한 생성과 변화의 현상으로 존재한다는 말이다. 화두를 들고 끊임없이 호흡을 하다 보면 이러한 세계를 '볼 수 있게' 된다고 스님은 말씀하셨다.

을 계속하다 보면 어느 순간 범인들이 경험하기 어려운 의식의 전복이 일어나는 모양이었다.

  초심자인 내게는 그런 전복의 순간은 고사하고, 매일 한 시간씩 화두를 들고 가부좌로 앉아 있는 것만도 대단한 집중력이 필요했다. 무엇보다 화두가 끊임없이 이어지게 하는 것이 어려웠다. 호흡에 화두를 실었나싶은 순간 의식은 딴 데 가 있었다. 정신을 차려보면 오늘 있었던 기분 좋은 일을 음미하거나 조만간 해야 할 일을 계획하고 있는 나를 알아차렸다. 손가락 사이로 흘러내리는 모래알처럼, 그물에 걸리지 않는 바람처럼 화두를 붙들기란 여간 어려운 일이 아니었다.

  간혹 집중이 잘 되는 날은, 우주 공간에 홀로 앉아 진공 상태에서 어떤 경계를 맛본 듯도 하였지만, 대부분의 날들은 화두를 이어가기는커녕 수시로 올라오는 잡다한 생각들에 이끌려 과거와 미래를 종횡무진하기 일쑤였다.

  "스님, 화두를 끊임없이 붙들고 있으려고 해도 어느 순간 딴 생각이 올라와서 집중하기가 어렵습니다."

  나는 솔직하게 털어놓았다. 시험 기간에 책상에 앉아 공부만 빼고 뭐든 다 해낼 수 있을 것 같은 수험생이 된 기분이었다. 스님은 그런 나를 달래듯 차근차근 설명해주었다.

"맞아요. 초심자가 참선을 하려고 앉아 있으면 화두가 자주 끊기고 의식이 과거로 갔다가 미래로 갔다가 할 수밖에 없어요. 의식을 화두에 모을 때는 내 존재가 현재에 있지만 그걸 놓치면 마음은 바로 과거로 가거나 미래로 가버려요. 어떨 때 의식이 과거로 가고 미래로 가는지 알겠어요?"

"글쎄요. 상황마다 다르지 않을까요?"

가부좌를 틀고 앉아 그날그날의 관심사에 빠져들곤 했던 스스로를 떠올리며 대답했다.

"잘 관찰해 봐요. 기분이 좋고 에너지가 있을 때는 우리 의식이 미래로 가요. 내일 뭘 할지, 친구들을 만나서 뭘 먹을지, 나중에 어떤 일을 하고, 어떤 꿈을 이룰지를 생각하는 쪽으로 의식이 치우치는 거예요. 그래서 의식이 주로 미래에 가 있는 사람들은 젊은 사람들이에요. 에너지가 넘치는 거죠. 반면 나이가 들수록 의식이 과거로 가는 경향이 있어요. 슬프고 서운했던 과거의 일들을 떠올리고, 억울하고 한이 맺힌 감정들을 복기하면서 그 감정 속에 머무르는 거예요. 왜 이런 현상이 일어날까요?"

의지와 상관없이 그런 생각이 저절로 떠올랐을 뿐인데, 거기에 특별한 이유가 있을까? 내심 궁금했다.

"우리 안에 탐진치貪瞋癡가 있기 때문에 그래요. 탐내어 그칠

줄 모르는 욕심과 노여움과 어리석음. 젊은 사람들이 미래를 생각하는 것은 탐하는 마음이 있어서 그래요. 달걀을 팔러 장에 가면서 그 달걀을 팔아 금덩이를 만들겠다고 꿈에 부풀어 있던 우화 속 아가씨 기억나요? 그 아가씨처럼 허황된 것을 탐하는 마음이 자꾸 미래로 가게 하는 거야. 반면 화가 나고 어리석은 마음은 과거로 가요. 과거로 가서 돌이킬 수도 없는 일들을 곱씹고 그 감정을 복기하지. 중요한 건 탐진치가 작동할 때는 마음이 현재에 있지 않고 과거나 미래에 가 망상을 하게 된다는 사실이에요."

스님의 말씀에 따르면 화두를 놓치는 순간 의식은 붙들 새도 없이 과거나 미래로 가버린다는 것이었다. 몸뚱이가 지금 여기, 가부좌로 앉아 있어도 호흡과 화두를 놓치면 의식은 다른 시공간을 배회하고 있는 셈이었다.

"수행하는 사람들은 오로지 현재에 존재하는 것을 중요하게 여겨요. 우리의 의식이 현재에 머물려면 화두를 바라보는 나와 화두가 일치해야 해요. 그래서 화두를 든다는 것은 과거의 기억도 태워 버리고 미래를 보는 허황된 마음도 지워 버리고 오로지 현재만을 바라보는 거예요."

"현재를 바라보는 데도 힘이 필요하다는 말씀이시네요."

내 말에 스님은 의식에 힘이 없으면 절대 현재에 머물 수 없다고 수긍하셨다.

"많은 사람들이 허황된 것을 좇아 미래로 가거나 돌이킬 수 없는 과거를 곱씹고 있기 때문에 정작 현실에서 이룰 수 있는 것이 별로 없는 거예요."

스님 말씀대로라면 우리가 화두를 드는 것은 오롯이 현재에 머물기 위함이었다. 다시 오지 않을 과거에 미련을 갖거나 아직 오지 않은 미래를 성급하게 좇지 않고 오로지 지금 내가 존재하고 있는 이 시공간에 머무는 것. 현재와 속도를 맞춰가며 시간의 지평선을 흘러 나만의 역사를 만들어가는 것. 그건 참 근사한 말처럼 들렸다.

스님의 설명을 듣고 난 후에 나는 화두 보는 호흡이 부지불식간에 떠오르는 과거의 회한과 미래에 대한 허황된 망상에 사로잡히지 않고 오직 현재를 살아가는 '삶의 태도'를 훈련하는 것이기도 하다고 생각하게 되었다. 돌이킬 수도 없고 바꿀 수도 없는 과거의 사건에 휩싸이느라 감정을 낭비하지 않고, 확실하지 않은 미래의 청사진에 현혹되어 지금 해야 할 일을 등한시하지 않고 오로지 지금 현재, 손에 잡히는 이 물리적 시공간에 주의를 기울여 한 발 한 발 온전히 나의 걸음을 걷는 것. 만약 그럴 수 있다면 매 순간 나는 나 자신으로서 후회 없는 한평생을 살아낼 수 있을 것이었다. 그것이야말로 이번 생은 망했다고 여기던 내가 얻고자 했던 삶의 진면목이 아닐까.

신기했다. 어딘가에 있을 파랑새를 찾아 집을 나섰다가 내 집 가장 안쪽에서 파랑새를 발견한 기분이었다. 그러한 깨달음에 이르자 매일 한 시간씩 고요히 앉아 있는 호흡의 시간은 내게 삶을 대하는 태도를 훈련하는 귀한 시간이 되어주었다.

자기 연결감의 지혜

나만의 개념으로 화두 참선의 의미를 재정의하고 호흡 수련을 계속한 지 또 1년여가 지났을 때, 콕 짚어 말하기 어려운 미묘한 변화들이 감지되었다. 스스로 인정할 만한 뚜렷한 변화는 담담함과 자신감이라는 두 단어로 요약할 수 있을 것 같다.

화두 수련을 시작하기 전에 나는 이번 생은 망했다는 좌절감과 어떻게도 내 삶을 다시 재건하기는 어려울 것이라는 무력감 속에서 허우적거렸다. 삶이 하도 막막하여 때로는 호흡이 그런 답 없는 일상을 회피하는 수단으로 여겨진 적도 있었다는 사실을 뒤늦게 고백한다. 머리는 복잡하고 뭐라도 해야 할 것 같은 조급증이 쓰나미처럼 밀려올 때, 나는 그저 조용히 방구석에 가부좌를 틀고 앉아 호흡에만 집중하곤 했었다.

그런데 그런 시간들조차 차곡차곡 쌓이자 "참 좋은데 뭐라 설명할 길이 없네"라는 어느 광고 카피처럼 뭐라고 딱히 표현할 길이 없지만 분명히 나아지는 것들이 있었다.

물론 표면적인 내 삶은 별로 달라진 게 없었다. 상황은 쉽게 호전되지 않았고, 앞으로 좋아질 거라는 비전도 없었다. 그런데도 나는 점점 괜찮아졌다. 낙오한 삶이라고 여겼던 인식에서도 차츰 벗어날 수 있었다. 아니, 정확하게 말하면 낙오든 패배든 신경 쓰지 않고 그저 담담하게 하루하루를 살아낼 수 있었다. 사람들을 대할 때도 실패자나 낙오자가 아니라, 모자라고 부족하지만 그런 대로 괜찮은 나 자신으로 담담하게 서 있을 수 있었다. 신기하게도, 남들 앞에 설 때마다 지나치게 긴장하고 타인의 시선을 의식하던 버릇도 점차 줄어들었다.

스님은 그것이 자신감에서 비롯된 것이라고 말씀하셨다.

"수행하는 사람에게는 자신감이 있어요. 스스로 자自에 믿을 신信, 자신을 믿는 마음, 자신감이 마음을 한번 바꾸면 그게 바로 화두예요. 금강 같은 화두를 들고 가는 힘이 바로 부처님을 믿고 불법을 보러 가고 견성할 수 있는 힘입니다."

실제로 하루 한 시간씩 화두를 들고 호흡을 할 때마다 하루를 살아낼 수 있는 분량의 자신감이 차오르는 듯했다. 스님이 자신감이라고 말씀하신 부분, 자기를 믿는 마음이 어디에서 나오는지 내심 궁금했다.

내 경우에는 본질적인 나 자신과 연결되는 느낌, 즉, 자기 연결감이 자신감의 근원인 듯했다. 물론 화두를 붙들기 전에도 나는 나 자신으로 살고 싶다는 욕구에 충실한 사람이었고, 인생의 중요한 선택들을 그 기준으로 실행했다고 해도 과언이 아니다. 그런데도 내 삶은 전혀 만족스럽지 않았고, 행복하지 않았다. 왜 그랬을까.

자기 연결감이 자기 자신과 연결된 감각이라면, 이 '자기'가 무엇으로 정의되느냐에 따라 자기 연결감의 질감이 완전히 달라질 것이다.

사실 우리 인간은 자기 역사 속에서 대부분 무언가와 연결되어 산다. 돈이나 성공이라는 가치에 자기를 연결한 사람은 돈을 벌기 위해 또는 성공하기 위해 자기의 모든 것을 갈아 넣는다. 사랑이라는 가치에 자신을 연결한 사람은 사랑하는 가족을 위해, 생때같은 자식들을 위해 헌신하는 것을 당연하게 여긴다.

특정한 가치에만 자신을 연결하는 것이 아니다. 우리 존재의 가장 바깥 부분, 그러니까 몸이 자기라고 여기는 사람들은 몸이 원하는 편하고 즐거운 것, 눈이 즐겁고 쾌락을 얻을 수 있는 것들에 연결되어 세상사 모든 것을 그 기준으로 보고 추구한다. 그보다 더 고상하거나 지적이라고 믿는 사람들은 그 안쪽 생각들과 연결된다. 생각이 자기 자신이라고 믿고 시시각각 떠오르는 생각들을 끊임없이 물고 늘어지며 옳고 그름을 분별한다.

때로 어떤 사람들은 감정과 아주 밀접하게 연결되어 감정이 자기 자신이라고 생각하며 산다. 기쁠 때 웃고 슬플 때 울며 기분이 나쁠 때는 그 나쁜 감정을 주변에 발산하고 우울할 때는 밑도 끝도 없이 침잠한다.

실은 과거의 내가 그런 축에 속했다. 감정이 나 자신이라 여기고, 감정 때문에 많은 일들을 그르쳤고 감정에 의존해 잘못된 판단을 내리기도 했다. 감정을 외면하거나 무시하는 사람들을 만나면 그들이 가식적이라고 생각하기까지 했다. 하지만 이제 와서 그 감정이 나인가, 라고 묻는다면, 나의 일부일 뿐, 그것은 내가 아니라고 자신 있게 말할 수 있다. 돈이나 성공, 몸의 쾌락, 심지어 사랑까지도 나의 일부가 될 수 있을지언정 나 자신은 아니다. 그러니 그것들을 자기와 동일시하고 그것들에 자신을 연결하면 언젠가 한계가 온다. 아무리 쏟아 부어도 온전히 충족될 수 없는 헛헛함을 느낀다.

반면 화두를 들고 호흡을 하는 사람들에게 자기 연결감은 보다 근원적인 것과 연결되는 감각이다. 그들에게 '자기'는 3차원 물질인 몸이 아니고, 자기를 중심으로 생각하는 에고도 아니며, 시시각각 변하는 감정도 아니다. 그것은 더 깊은 존재의 근원과 맞닿아 있다. 자기 존재와 대면하여 하나가 되는 체험, 그걸 맛본 사람은 쉽게 현혹되지 않는다. 저차원의 욕망에 잘 휘둘리지 않고, 먼 바다를 항해하고 돌아와 비로소 고향 항구에 닻을 내린 함선처럼 고요하다.

모르긴 몰라도 화두 보는 호흡이 주는 가장 좋은 선물은 바로 이 자기 연결감이 아닐까, 하고 나는 생각하게 되었다. 이 자기 연결감이 겉으로 드러날 때 아마도 그것이 자신감으로 발현되는 것이 아닐까 하고.

집중 수행을 통해 얻은 것

처음 화두를 들었을 때는 의무적으로 한 시간을 채우는 데 급급했던 나도 화두 보는 호흡을 하면서 생기는 자신감과 담담한 삶의 태도를 맛보고 나서는 그것을 잃고 싶지 않아서 꾸준히 수련을 계속하게 되었다.

스님의 호흡법을 시작한 지 2년쯤 되었을 때, 해인사 국일암에서 하는 집중 수행에 참가할 기회가 생겼다. 새벽 4시부터 저녁 9시까지 예불을 드리는 시간과 공양 시간을 제외하고 법당에 앉아 화두를 참구하는, 제법 빡빡한 스케줄이었다. 매일 꾸준히 화두 명상을 해왔지만, 한 번에 한 시간을 넘겨본 적이 없었기에 상당한 용기를 내야 하는 일이었다. 그래도 혼자 하는 것이 아니라 소수의 도반들과 함께하는 일정이라 용기를 낼 수 있었다. 집중 수행이 무엇보다 좋았던 점은 화두를 들고 현재에 머물 수 있는 힘이 내게 있음을 발견한 것이었다. 평상시에는 한 시간 화두에 집중하는 것도 쉽지 않았는데, 그 작은 암자의 법당에 앉아 50분 간격으로 세 번씩 화두를 참구할 때, 어느 순간 일어나는 잡다한 생각들을 끊어내고 오로지 화두에만 집중하고 있는 나 자신을 알아차렸다.

일상에서 늘 상황에 끌려 다니고 타인들에게 맞추느라 내 삶을 제대로 살고 있지 못하다고 자책했는데, 아니었다. 내게는 과거에 연연하지 않고 미래에 현혹되지 않고 오로지 현재만 바라볼 수 있는 힘이 있었다. 단지 그 힘을 쓸 생각을 이제까지 하지 않고 있었을 뿐.

그 발견은 일상으로 돌아와 현재에 머무는 데 큰 힘이 되어주었다. 인간관계에서 일어나는 미안하고 어색하고 부담되는 상황

들, 주의를 흐트러뜨리는 잡다한 사건 사고들, 기대와 부담과 책임감에 눌릴 때마다 나는 화두를 들고 무심하게 앉아 있는 그 감각을 불러들였다. 그렇게 묵묵히 나아가다 보면 어느새 평정을 되찾을 수 있었다, 나로 존재할 수 있었다.

언젠가부터 스님의 호흡법은 산란하고 정신없는 가운데에서도 의식이 현재의 시공간에 머물 수 있도록 붙들어주는 단단한 닻이 되어주었다.

스님의 호흡법을 하고 나서 또 하나 달라진 점은 감정 컨트롤 능력이었다. 나는 취미로 뮤지컬 동호회에서 활동하고 있었는데, 타고난 성격이 내성적인 데다 오랫동안 성취 없는 삶을 보내온 탓에 정서적으로 많이 위축되어 있었다.

뮤지컬을 워낙 좋아해 가끔 작품이나 갈라 콘서트에 참여하곤 했는데, 오디션을 볼 때마다 울렁증 때문에 난감한 적이 한두 번이 아니었다. 오디션 날이 다가오면 명치 아래 상복부에 심장이 하나 더 달려 있는 것처럼 맥박이 사정없이 뛰었다. 그러면 여지없이 호흡이 가빠지고 울렁증이 시작되었다. 울렁증을 의식하지 않으려 갖은 애를 써보았지만 그럴수록 그놈은 존재감을 과시하며 온몸을 잔뜩 긴장시켰고 얼어붙게 만들었다. 가히 죽을 맛이었다.

울렁증을 극복하고 싶어 청심환을 먹어본 적도 있었는데, 그마저도 효과가 없었다. 청심환은 울렁증을 완화시켜주는 대신 노래할 때 힘이 들어가야 할 근육을 바람 빠진 풍선처럼 이완시켜 사태를 악화시켰다. 이 죽일 놈의 울렁증은 어떤 회유와 설득에도 넘어가지 않았고 나는 매번 좌절감을 맛봐야 했다.

그런데 신기하게도, 스님의 호흡법을 계속 해오고 있던 어느 날, 작품 연습을 하다가 문득 내가 더 이상 떨고 있지 않다는 사실을 알아차렸다. 무슨 짓을 해도 사라지지 않던 울렁증을 의식조차 하고 있지 않은 나를 발견한 것이다.

명치 아래 몸의 중심에 독사처럼 똬리 틀고 있던 그 놈이 어디론가 사라져버렸다. 두려움이 밀려난 자리에는 눈발을 맞으며 꿈쩍도 하지 않고 앉아 있는 황 장군처럼 고요한 자신감이 버티고 있었다.

신기했다. 그 기세등등하던 울렁증은 어디로 사라진 것일까. 물론 무대에 선 경험들이 조금씩 쌓여 마음에 여유가 생긴 것일 수도 있고, 당시에 맡았던 역할이 부담이 없어서 긴장이 덜 되어서 그랬을 수도 있다. 하지만 그것만으로는 설명할 수 없는 변화가 내 안에서 일어난 것만은 분명했다. 하루에 한 시간, 척추를 세우고 가슴을 활짝 편 채로 깊고 느리게 호흡하는 시간이 소복 소복 쌓여 내면의 자신감으로 차올랐다는 사실을 부인할 수 없었다.

　평생 따라다니는 천형이라고 여겼던 울렁증이 밀려나고 그 자리를 자신감으로 채운 드라마틱한 효과를 맛본 후로는 매일 한 시간의 호흡 시간이 더욱 애틋하고 소중했다. 다시는 예전의 나로 돌아가고 싶지 않았던 것이다.

스님의 호흡법 4

좌선하는 사람들을 위한 몸 관리법

골반 돌리기

　좌선을 하는 이유 중 하나는 스스로가 편안하다고 느끼는 자세를 계속 찾아가는 것도 있어요. 살아가면서 우리는 계속 몸을 움직이고, 그 경계에 따라 몸이 달라져요. 앉아서 일을 하고 두 발로 서서 걷고, 사람들과 대화를 하는 등 모든 경계에 부딪칠 때 우리 몸은 긴장을 할 수밖에 없어요. 그럴 때 스스로 몸을 풀어주면서 일상생활을 할 수 있다면 그것보다 좋은 습관은 없겠지요. 평상시에는 그게 잘 안 되지만, 좌선을 하다 보면 그게 돼요.

　그런데 꼭 명상이나 좌선을 할 때만이 아니라 일상생활을 하면서도 내 몸에 맞는 가장 편안한 상태를 만들어갈 수 있어요. 나도 농사일을 하면서 몸에 힘이 들어간다 싶으면 제일 먼저 그걸 풀어줘요. 일에 집중을 하다 보면 어깨와 목에 제일 먼저 힘이 들어가는 걸 느껴요. 어깨에 힘이 들어가면 상체 전체가 긴장되고, 그러면 폐와 심장 쪽에 힘이 들어갈 수밖에 없어요. 일을 잘하려고 하다 보니까 몸에 힘을 줌으로써 스스로에게 스트레스를 주는 거예요. 그건 우리가 수억 겁을 살아오면서 고착된 습관이지요.

만약 일을 하다가 어깨와 목에 힘이 들어갔다면 골반을 돌려주면서 상체의 힘을 빼주는 동작을 해주기 바랍니다.

우선 양 발을 어깨 넓이로 하고 차렷 자세로 선 상태에서 관절 부위를 좌우로 살살 흔들어줍니다. 이때 어깨를 의식해서 흔들면 골반이 틀어지므로 가능한 한 주유소의 바람 풍선처럼 어깨에는 힘을 빼고 골반만 좌우로 돌아가게 흔들어줍니다. 처음에 2~3일 정도는 살살 돌려주고, 익숙해지면 골반을 빨리 움직여주세요. 그러면 팔은 골반의 움직임에 따라 저절로 돌아가게 돼 있습니다. 양 방향으로 5분씩 4회, 20분 동안 돌려주면 위장에 있는 음식도 소장으로 빨리 내려가고, 긴장된 어깨와 상체의 힘도 빼줄 수 있습니다.

상하체 소통 마사지

이번에는 오랫동안 좌선을 하고 앉아 있는 수행자들이 수행병으로 고생을 하는 고관절 부위를 풀어주는 마사지 방법을 알려드리겠습니다.

고관절 사이의 사타구니 부분, 즉 서혜부는 허벅지 사이에 있는 삼각형 모양의 부위로, 상체와 하체를 연결해주는 아주 중요한 곳입니다.

가부좌로 앉으면 다리가 접혀지는 부위이기도 한데, 좌선을 오래 한 사람들이 이 부위를 제대로 풀어주지 않으면 신경이 퇴보해 골반과 사타구니에 병이 오기 쉽습니다.

서혜부는 우리 몸에서 임파선이 가장 많이 분포된 곳 중의 하나로, 임파선은 우리 몸의 하수처리장과 같은 역할을 합니다. 체내에 쌓인 노폐물이 임파선을 통해 몸 밖으로 배출되는 것이지요.

이 부위를 제대로 풀어주지 않으면 지방이나 노폐물, 독소와 같이 해로운 물질이 몸 밖으로 빠져나가지 못하고 막히게 되어 오톨도톨한 질감의 뭉친 덩어리가 만져집니다. 이 뭉친 덩어리를 풀어줘야 하체의 혈액순환과 림프 순환이 원활하게 이루어집니다.

좌선을 하느라 오랫동안 다리를 접은 상태로 있으면 혈액순환이 잘되지 않을 뿐 아니라 상체의 기운이 하체로 내려가지 못하고 하체의 기운이 상체로 원활하게 소통하지 못하여 골반 부위에 통증이 올 수 있습니다. 그럴 때는 서혜부 부위를 손으로 눌러가면서 통증이 있거나 뭉친 부위를 스스로 찾아내어 지압을 하듯이 자극을 주어 풀어주는 것이 좋습니다.

자, 이제 누운 상태에서 골반 뼈 안쪽을 손으로 지그시 눌러 통증이 느껴지는 부위를 5분 동안 문질러줍니다. 민감하고 예민한 부위라 처음에는 통증이 심할 수 있지만 호흡을 내쉬면서 계속 풀어주다 보면 신기하게도 허리와 오장육부까지 풀리는 경험을 할 수 있습니다.

이 부위가 풀어지면 앉아서 호흡을 할 때도 훨씬 몸이 가볍고 편안해진 것을 느낄 수 있으니, 틈날 때마다 정성스럽게 마사지 해주기 바랍니다.

서서 고관절 풀기

이외에도 고관절을 풀어주는 방법이 여럿 있습니다. 우선 서서 고관절을 풀어주는 방법으로, 서 있는 자세에서 왼발을 앞으로 내밀고 발을 15도 안쪽으로 감아준 다음, 뒷다리로 지탱하면서 상체를 뒤로 젖혀줍니다. 이때 오른쪽 고관절이 최대한 당겨지면서 자극이 가도록 합니다. 좌우 번갈아 10회씩 해줍니다.

엎드려서 고관절 풀기

외출을 하고 들어오면 개구리 자세를 해서 고관절을 풀어주는 게 좋습니다. 고관절은 골반과 대퇴골을 연결하는 부위로, 하체와 상체를 연결할 뿐 아니라 허리와 무릎의 움직임에도 아주 중요한 관절입니다. 우리 몸에서 가장 많은 일을 하고 있는 부위 중 하나이므로 신체의 불균형이 일어나기 쉽고, 평소에 관리를 잘해야 하는 부위입니다.

개구리 자세는 요가에서 흔히 볼 수 있는 스트레칭 동작으로 고관절 주변 근육의 밸런스를 맞춰주고 골반을 교정하고 허리와 무릎의 통증을 완화시켜줄 수 있는 좋은 동작입니다.

바닥에 엎드린 자세에서 양 무릎을 넓게 벌려 골반과 바닥 사이의 거리를 최대한 좁혀줍니다. 몸의 중심을 앞뒤로 옮겨가며 고관절 골반을 부드럽게 풀어줍니다. 허리를 평평하게 유지하면서 스트레칭을 진행하다 보면 불편함이 느껴지는 부위가 있는데, 그 부위에 집중하면서 천천히 스트레칭을 해주면 됩니다.

잠자리에서 고관절 풀기

잠자기 전에는 바닥에 누운 상태에서 고관절을 두드려줍니다. 우리는 잠을 잘 때도 긴장을 합니다. 잠꼬대를 하고 이를 가는 습관은 다 몸이 긴장한 데서 오는 것입니다. 낮에 있었던 일들이 밤에 잠을 잘 때 영향을 주지 않도록 몸을 편안하게 풀어주어야 합니다. 특히 고관절은 낮 시간대에 많이 쓰는 부위로, 밤에 누워서 발을 뻗을 때에야 비로소 휴식을 취합니다.

고관절을 풀어주기 위해서는 편안하게 누운 상태에서 바닥과 평행하게 양 다리를 접어줍니다. 그러면 개구리가 배를 드러내 놓고 누운 것 같은 상태가 됩니다. 이 자세에서 서혜부 부위를 주먹으로 살살 두드려줍니다. 신경 마사지를 할 때처럼 서혜부 부위를 20초 정도 두드려 자극해줍니다. 이 동작을 3~5분, 최대 10분이 넘어가지 않도록 해줍니다.

고관절 푸는 동작들을
더 알아보고 싶다면

다섯 번째 가르침

다섯 번째 가르침

선농 수행과 일상 수행

삶 자체가 수행이 되기 위하여

하루 한 시간 화두를 보고 호흡을 하는 것이 익숙해질 즈음, 스님은 다섯 번째 가르침을 전수해주셨다.

"이번에는 일상생활에서 수행을 생활화하는 방법에 대해 다루도록 하겠습니다. 제가 출가할 때만 해도 스님이 되겠다고 오면 바로 경책을 내놓지 않았습니다. 옛날 스님들께서는 출가해서 행자 생활할 때 전부 채공[16], 공양주[17], 별자(농사 짓기)를 해서 먼저 몸을 만들었습니다.

무협 영화나 소설을 보면 입문자에게 처음부터 가르침을 전

---
16 절에서 부식물을 만들거나 그 재료인 야채를 관리하는 것.
17 절에서 밥 짓는 일을 주로 하는 사람.

수하지 않고 부엌일, 농사일을 시키는 스승들을 어렵지 않게 만날 수 있다. 나는 항상 그 이유가 궁금했다.

"스님, 출가해서 처음에 무턱대고 일부터 시키는 이유가 무엇인가요?"

"왜냐, 인간이 태어나서 세속에 살면서 여러 가지 단계를 거치는 과정에서 몸이 굳어 버렸기 때문이에요. 전부 다 스트레스를 받고 긴장해서 횡격막이 위축되어 있습니다. 그러면 호흡이 얕아집니다. 그래서 출가할 때는 백이면 백 횡격막이 닫힌 상태로 출가하게 됩니다."

"호흡하기 어려울 정도로 몸이 다 굳어 있다는 거네요."

"맞아요. 근육은 참 희한합니다. 근육을 탁 치면 순식간에 오그라들어서 잘 풀리지 않아요. 일주일이나 열흘 정도 지나서 통증이 사라진 후에야 근육이 풀립니다. 그런데 일반 사람들은 어떤가요? 초등학교, 중학교, 고등학교를 다니고 시험을 쳐서 대학을 가고 직장에 들어가는 동안 과도한 긴장과 스트레스 속에서 살아갑니다. 짧게는 10년에서 길게는 40년 가까이 사회생활을 하다 보면 횡격막 근육이 전부 다 굳을 수밖에 없어요. 그러니 좌선을 해도 이 근육이 쉽게 풀리지가 않습니다. 굳어버린 내장 근육이 풀어지는 데 시간이 필요한 거예요."

"그렇다면 일반인들이 척추를 세우고 화두를 들어도 몸에 힘 하나 들어가지 않고 호흡을 하려면 얼마나 걸리나요?"

"못해도 3년은 걸리겠지요. 그래서 우리 대한불교 조계종에서는 처음 출가하면 항상 채공, 공양주, 땔감(부목) 또 바깥에 나가서 농사를 짓는 것으로 행자 교육을 해왔습니다. 몸을 단련시켜 세속의 스트레스와 긴장을 빨리 풀어주기 위해서지요. 이것이 바로 동선動仙입니다."

"행자 생활이라는 게 세속에서 받은 스트레스를 풀고 호흡을 할 수 있는 몸을 만드는 과정이었네요."

"맞아요. 옛날 스님들은 이제 막 출가한 행자 스님들에게 채공을 하게 하고 밭도 갈게 했습니다. 몸에 근육을 먼저 만들어야 했기 때문이지요. 이렇게 근육이 단련된 상태에서 좌선을 하면 참선이 그냥 됩니다. 그런데 스트레스를 받고 횡격막이 긴장된 상태에서 근육의 단련도 없이 참선을 하면 아무리 오래 앉아 있어도 참선이 잘되지 않아요."

스님이 화두 보는 호흡을 하기 전과 후, 다양한 요가 동작을 통해 몸을 풀어주기를 강조하는 것도 같은 맥락이었다.

"몸이 준비되지 않은 상태에서 좌선을 하면 참선은 안 되고 참선 병만 생깁니다. 제일 먼저 오는 병이 상기병이요, 두 번째는 소화불량, 세 번째는 장이 움직이지 않아 분비물 배출 기능이 급격히 떨어지는 것입니다. 그렇게 6개월만 지나면 변비가 와요. 장이 나빠지니 얼굴에 주근깨도 생기지요."

이런 이유로 옛날 스님들은 제일 먼저 몸에 근육을 만들 수 있는 방법을 지도했다고 한다.

"그런데 지금은 이런 전통이 다 끊어지고 말았어요. 스스로 알아서 호흡하고 알아서 근육 만들고 알아서 참선하라는 거죠. 왜 농사를 짓고 일을 하는지 설명해주지 않아요. 원리를 이해하지 못한 채 무턱대고 행자 생활을 하는 거죠. 그러면 참선을 오래 할 수도 없을뿐더러 깊이 들어가기도 어렵습니다."

스님은 이러한 세태를 안타까워하셨다.

화두를 일순위로 놓고 일하라

스님이 머물고 있는 곳은 해발 8백 미터의 고지대이다. 경상남도 거창군 가북면 일대의 오지로 개금골이라고 불리는 곳이다. 옛날에 이곳에서 금불상이 나왔다는 전설이 전해져 있어서인지 개천의 이름도 석가천이라고 한다.

스님이 개금골과 인연을 맺은 것은 30년 전, 수행과 농사를 함께하기 좋은 터를 찾던 중 딱 맞는 곳이 있어 조금씩 땅을 사들였다고 한다. 그 땅을 트랙터와 포크레인을 직접 몰며 홀로 개간한 지도 이미 여러 해, 7천여 평에 10개가 넘는 밭들을 직접 돌을 골라 개간했다. 수행하는 틈틈이 밭을 갈고 거름을 주고 씨앗을 뿌려 여름 내내 길러 농산물을 거두어들인다. 이름 하여 선농수행이다.

스님은 하루 종일 가부좌로 앉아서 수행을 하는 것보다 농사 같은 노동을 병행하는 게 수행에 더 도움이 된다고 귀띔하셨다.

"제가 공부를 해보니 하루 종일 가부좌를 틀고 앉아 있는 것보다 일정 정도의 노동을 수반하는 것이 정신이나 육체의 건강에 도움이 될 뿐만 아니라 공부에도 도움이 됩니다. 그러니 여러분들도 일상에서 자기 맡은 일을 하면서 수행을 같이 해나가는 게 좋아요."

문제는 일을 하다 보면 화두와 호흡은 간 데 없고 일에만 빠져들게 된다는 것이다. 스님은 부처님도 제자들에게 이 욕계의 세계는 화택火宅, 즉 번뇌와 고통이 가득한 불타는 집과 같다고 하셨던 일화를 언급하시며 일을 할 때의 자세에 대해 말씀하셨다.

"사람들은 뭔가에 열심히 몰입하면 좋은 거라고 생각하지만, 반드시 그렇지는 않아요. 지금 세상에서 사람들이 하는 몰입이라는 게 뭘 목적으로 하는 건가요? 돈을 모으기 위해서, 성공하기 위해서, 경쟁에서 이기기 위해서, 남들보다 잘살기 위해서…, 들여다보면 사실 열정이라기보다는 욕심과 욕정에 불타올라 일을 하고 있어요. 여름밤에 모닥불로 돌진하는 날벌레처럼. 우리는 그게 삶이라고 생각하지만, 결국은 다 죽음으로 가는 길이에요. 자기가 죽을 줄도 모르고 돌진하는 거지요."

스님은 욕심과 욕정으로 일에 빠져드는 사람은 호흡을 놓칠 수밖에 없다고 하셨다.

"살다 보면 사람들이 일에 빠지든지 취미에 빠지든지 뭔가에 몰입하게 되고, 그걸 재밌어 하는데, 우리가 수없이 살아왔던 습에 빠져서 뭔가에 몰입하게 되면 호흡을 놓치고 화두가 작동을 하지 않아요. 그러면 에너지가 채워지지 않고 갈아 넣기만 하는 상태가 되고 결국 탈진하게 되지요. 내내 바느질만 하는 사람은 자기가 호흡을 하는지도 몰라. 호흡을 놓치고 바느질에만 몰두하는 거야."

"바느질을 하면서도 호흡을 의식하라는 말씀이신가요?"

"그렇지. 가장 좋은 것은 바느질을 하면서도 호흡을 하는 거예요. 일을 하면서도 호흡을 놓치지 않는 것, 호흡과 바느질이 하나가 되는 것, 그러면 몸도 편해질 뿐 아니라 바느질의 대가가 돼요. 같은 맥락에서 농사꾼의 대가가 된다는 건 호흡을 하면서 농사를 짓는 거예요. 그걸 훈련하기 위해서 내가 선농 수행을 하고 있는 거지요."

"그렇지만 스님, 호흡에 신경 쓰다 보면 일에 집중이 잘 안 될 것 같은데요."

일에 열중하다 보면 어느 순간 호흡을 놓쳐버렸던 스스로를 떠올리며 솔직하게 말했다.

"그 말도 일리가 있는데, 자동차를 예로 들어봅시다. 자동차가 처음 출발할 때는 엔진을 돌려야 하니까 에너지가 많이 들겠지요?"

"예."

"그렇지만, 일정 궤도에 오르면 관성으로 쭉 가듯이 일도 그렇게 해야 돼요. 처음에 몰입할 때는 순간적인 에너지를 내서 확 긴장을 해야 하지만, 그 일이 일정 궤도에 오르면 몸에 긴장을 빼고 호흡에 집중하면서 가는 거예요."

스님은 보통 사람들이 몸에 힘을 빼는 방법을 모르고 일하는 내내 계속 힘을 주고 긴장한 상태에서 일하는 경향이 있다고 말씀하셨다.

"처음 출발할 때 힘을 줬던 그 상태 그대로 일하는 내내 어깨와 목에 힘을 주고 일을 하는 거야. 그렇게 일하면 금방 지쳐 버려요. 그리고 결국 번아웃이 오는 거예요."

호흡을 모르던 시절에 나도 초긴장 상태에서 원고를 쓰고 마감을 하고 일상생활을 했다. 그러다 보니 어깨와 목이 항상 돌덩이처럼 굳어 있었고, 그게 당연한 줄 알았다. 나중에는 쉬어도 쉰 것 같지 않았다.

스님은 보통 사람들은 휴식을 취하고 산책이나 등산을 하고 책을 읽는 등 긴장을 풀기 위해서 또 다른 에너지를 써야 하지만, 좌선하는 사람은 앉아서 화두를 들고 호흡을 하는 것만으로 몸이 이완되고 에너지가 모아진다고 말씀하셨다. 과학자들이 한번 움직이면 계속 동력을 생성할 수 있는 무한동력기를 개발하려다 실패했는데, 인간에게는 좌선이 무한동력을 제공해주는 프로세스라는 것이다.

자급자족하는 선농일체의 삶

"스님, 선농에도 유래가 있나요?"

"그렇지요. 선농 불교란 말 그대로 농사 지으며 참선하는 거예요. 중국 당나라 때 『백장청규』를 쓴 백장회해 선사는 '일일부작一日不作이면 일일부식一日不食'이라고 했어요. 하루 일하지 않으면 그날은 먹지 않는다는 뜻이에요. 자급자족하는 선농일체의 삶을 설파한 거예요."

부처님 시대에는 도를 닦는 승려가 집집마다 경문을 외우며 동냥하는 탁발托鉢의 형태가 유행이었다고 한다. 그러다 신도가 늘어나고 정착하게 되면서 승려들이 시주를 받아서 먹고 살기 시작했는데, 그러다 보니 나태해지고, 온갖 부정적인 일들이 생겨나기 시작했다는 것이다. 스님은 그런 종교의 폐해를 극복하려면 승려들이 신도들에게 손 벌리지 않고, 스스로 농사지어 자급자족해야 한다고 강조하셨다. 그리고 말씀만이 아니라 실제로 그러한 삶을 선농 불교의 형태로 실천하고 계셨다.

"옛날 큰스님들은 아무 이유 없이 산에 왔다 갔다 하면 비싼 시주 밥 먹고 그냥 다닌다고 혼을 냈어요. 그래서 옛날에는 스님들이 산에 갔다 오면 땔감 하나라도 들고 왔죠. 수행하는 사람의 정신에 보시布施[18]하는 마음이 꽉 차 있었던 거예요."

스님은 이러한 오랜 전통을 계승하여 한국 선원에서도 수행과 노동이 둘이 아니라는 선수행 가풍이 전해져왔다고 설명하셨다. 불교 수행자라면 일하며 참구하고 참구하며 일하는 동중수행의 정신을 실천해야 한다는 것도.

"그러나 아쉽게도 요즘은 이러한 전통이 잘 이어지지 않고 있어요. 지금 여기 있는 여러분들도 삶 속에서 보시 육바라밀六波

---

18 자비심으로 남에게 불법이나 재물을 베푸는 것을 말한다.

羅蜜[19]이 덕목이 되지 않는다면 참선이 되지 않는다는 것을 명심하기 바랍니다."

"스님, 저희도 그러고 싶은데, 일에 열중하다 보면 어느새 화두와 호흡을 놓치고 말아요. 이놈의 일은 해도 해도 끝이 없네요."

일행 중 하나가 말했다.

스님이 고개를 끄덕이셨다. 개금골 넓은 평의 땅을 관리하고 있는 스님도, 트랙터와 포크레인으로 돌투성이 불모지를 개간하느라 일이 끝이 없으시다고 했다. 하지만 스님은 우선순위를 헷갈리면 안 된다고 하셨다.

"현대인들은 그게 병이에요. 일이라는 게 끝이 없는 것인데, 쉬는 타이밍을 못 잡아요. 지금 하고 있는 걸 어떻게든 매조지하고 나서 쉬려고 하는 거야. 그런데 그게 되나? 일은 끝이 없고 우리는 죽을 때까지 일을 해야 해요. 그래서 지혜로운 사람은 몸이 힘들 때 딱 멈출 줄 아는 사람이야. 힘들 때 멈추고 다만 몇 분이라도 호흡을 하면서 쉬어주는 거야. 현각 스님이 그랬죠. 모든 일이 바쁘게 흘러가도 딱 멈추고 머물러서 자기 자신을 돌아봐

---

19 보살이 열반에 이르기 위해 실천해야 하는 여섯 가지 덕목으로, 보시, 인욕, 지계, 정진, 선정, 지혜를 일컫는다.

라. 경쟁심이나 무언가를 이루고자 하는 목표에 너무 빠져들지 말고 멈춰서 몸과 마음을 추스르라. 막노동꾼이 일 하다 담배 한 대 피우는 시간을 내는 것처럼, 몸이 힘들 때 딱 5분만 멈춰서 횡격막 호흡을 하면서 쉬어주는 거야. 그거면 충분해요. 그걸로 몸이 다 풀리고, 기운이 새로 모여요. 그렇게 반복하면서 계속 가는 거야."

스님은 밭에 망사를 치다가 힘들면 그대로 앉아서 좌선을 하노라고 하셨다. 언젠가 선방에서 횡격막 호흡을 하다가 창밖을 바라봤을 때, 통창 너머 밭고랑에 가만히 앉아 계시던 스님의 뒷모습이 떠올랐다.

"농사를 짓다가도 몸이 힘들면 그 자리에서 멈추고 3분만 앉아서 좌선을 하면 기운이 모여요. 그러면 또 망사를 치는 거야. 그러다 또 힘들면 좌선을 하고. 그렇게 쉬어주면 우리 몸은 금세 회복이 돼요. 중요한 것은 일에 너무 빠져들지 않는 거예요. 지금까지 여러분에게 일이 일순위였다면, 이제는 호흡과 화두를 일순위에 두고 일은 이순위에 두어야 해."

과연 현실에서 맞닥뜨린 일의 중요도를 미뤄내고 호흡과 화두를 일순위에 두는 삶이 가능할까? 하루 한 시간의 호흡만으로도 충분히 만족하고 있던 나는 의문이 들었다.

"스님, 일에 빠져들면 왜 안 되나요?"

"일단 일에 빠져 있는 사람들은 호흡을 놓치고 화두가 작동이 안 돼요. 그래서 나는 사람들이 일할 때 몸에 힘이 들어갔나 아닌가를 봐요. 호흡이 작동을 하지 않으면 일할 때 몸에 힘이 잔뜩 들어가 있거든. 전쟁에 나간 사람처럼, 싸움을 앞둔 파이터처럼, 일을 할 때 힘을 잔뜩 주고 하는 거야. 그 힘을 빼야 돼. 그러기 위해서는 호흡을 의식해야 하고 화두도 작동이 돼야 해요. 우리가 힘을 줘야 할 때는 물건을 들 때밖에 없어요. 물건을 들 때는 팔에만 힘을 주는 게 아니라 온몸에 힘을 줘야 하고."

 실제로 먹고 살기 위해 정신없이 일하다 보면 호흡이고 화두고 온데간데없어지는 때가 종종 있었다. 내 경우엔 마감이 걸려 정신 없이 집중할 때, 의도하지 않은 방향으로 일이 흘러가서 스트레스를 받을 때, 예상치 못한 상황에 처했을 때, 화두와 호흡을 까맣게 잊어버리고 닥친 일에 전전긍긍하곤 했다. 그러다 보면 평정심을 잃어버리고 부정적인 감정이 올라오기도 했고, 스트레스 때문인지 대상포진 초기 증상이 나타나기도 했다. 대개는 알아차리고 미리 대처를 했지만 한번은 여러 가지 일이 겹쳐 결국 감기에 걸리고 말았다. 감기로 목이 잠긴 내게 스님은 소금물로 가글을 해주라고 이르시곤 호흡의 밸런스에 대해서 짚어주셨다.

"몸의 에너지가 받쳐주지 않는데, 너무 열심히 일을 하고 뇌를 쓰면 신경 쇠약에 걸리기 쉬워요. 그 원리가 무엇이냐. 뇌를 많이 쓰는 만큼 호흡을 통해 산소를 충분히 공급해줘야 하는데, 그걸 놓치는 거야. 현대인들이 다 그래요. 바쁜 일상을 살면서 미션 수행하듯 일처리를 하니까 자꾸 호흡을 놓쳐. 호흡을 깊게 하지 못하니 우리 몸에 필요한 만큼 산소를 충분히 공급하기 어렵고, 그 상태에서 뇌만 풀가동하면 결국 신경쇠약에 걸리고 번아웃이 올 수밖에 없어요."

때로 몸의 컨디션이 좋지 않을 때는 화두를 들고 호흡을 하고 있을 때조차도 에너지가 채워지기보다는 고갈된다는 느낌을 받았다.

"스님, 화두를 들고 호흡을 하면 에너지가 충만하게 채워져야 하잖아요. 그런데 요즘은 화두 보는 호흡을 해도 그냥 열심히 했다는 생각만 들지 에너지가 채워지는 것 같지가 않아요. 왜 그럴까요?"

스님은 그 또한 밸런스의 문제라고 진단하셨다.

"예전에 내가 호흡의 박자감을 찾으라고 했던 것, 기억나요? 화두를 들고 숨을 최대한 들이쉬고 내쉬다 보면 호흡에도 박자가 있다는 것을 알게 돼요. 몸에서 호흡 센서가 작동하면서 들숨과 날숨의 밸런스가 맞춰지는 거예요. 그 감각을 찾으면 자기 몸에 맞는 호흡이 저절로 와요. 에너지가 부족하면 더 많이 들이쉬고, 넘치면 더 많이 내쉬는 쪽으로 몸이 알아서 밸런스를 맞춥니다. 그런데 일에 너무 몰두하느라 호흡을 놓치듯이, 목전에 있는 화두를 보겠다는 의지만 가득해서 호흡을 소홀히 하면 그 박자감을 놓치게 되고, 결국 호흡의 밸런스가 깨지고 말아요."

화두 보는 호흡 또한 의지로 하는 것이 아니라 자연스러운 흐름에 따라야 한다는 말씀으로 들렸다.

마찬가지로 스님은 현대인의 많은 문제들이 호흡을 놓친 데서 온다고 하셨다. 현대인이 고질병처럼 달고 사는 소화불량이나 만성 피로, 심지어 날이 갈수록 늘고 있는 각종 암까지도 호흡의 밸런스와 연관이 있다는 것이다.

"생각해봅시다. 걸핏 하면 소화가 잘 되지 않고, 일에 몰두하다 번아웃이 오고, 암에 걸리는 근본적인 이유가 뭘까요?"

스님이 물으셨다.

넘치는 영양분과 운동 부족, 빠르게 변하는 현대 사회, 경쟁적이고 성공 지향적인 사회 분위기 등 다양한 원인들이 떠올랐으나 딱 한 가지로 꼽기가 어려웠다.

"잘 관찰해봐요. 우리가 화살을 쏠 때 숨을 딱 멈추죠? 그처럼 뭔가에 열중하고 있을 때는 숨을 잘 안 쉬어요. 숨을 잘 안 쉰다는 것은 우리 몸에 산소가 부족해진다는 뜻이에요. 그런 상태가 지속되면 몸에서 소비하는 에너지는 많은데, 충전되는 에너지는 적기 때문에 각종 질병에 노출되기 쉬워요. 전체적인 몸의 에너지 밸런스에 문제가 생기면 만성 피로나 번아웃이 되는 것이고, 뇌에 산소가 잘 공급되지 않으면 신경 쇠약에 걸리는 거에요. 위나 장에 산소가 잘 공급되지 않으면 소화 불량이 되고, 장기에 산소가 부족하면 유익균보다 유해균이 더 활발하게 활동해서 암으로 발전하기 쉬워져요."

스님은 몸에서 갈증을 느낄 때가 돼서 물을 마시면 갈증이 쉽게 해소되지 않는 것처럼, 산소도 부족하기 전에 미리 공급해줘야 한다고 조언하셨다.

"젊을 때는 괜찮은데, 나이가 들수록 에너지의 밸런스에 민감하게 대응해야 해요. 에너지가 소진되고 나면 충전되기까지 시간이 걸리거든. 나도 농사를 짓다 보면 종종 인부들을 써서 일을 해야 할 때가 있는데, 그러고 나면 다음날 편도선에 무리가 올 때가 있어요. 혼자 할 땐 문제가 없는데, 인부들을 데리고 일을 하면 앞에 나서야 되고 일 전체를 총괄해야 하니까 여간 신경이 쓰이는 게 아니야. 그러다 보니 혼자 일할 때보다 훨씬 많은 에너지를 쓰게 되고, 그러고 나면 다음날 편도선 상태가 안 좋아지는 걸 느껴요. 그걸 알아차리면 바로 호흡법을 해서 산소를 보충해주는 거야. 그렇게 즉각적으로 에너지의 밸런스를 맞춰주는 거예요."

  수행자라면 밥을 먹거나 걷거나 일상생활을 하면서도 의식은 언제나 화두에 가 있어야 한다. 몸과 감각은 일상생활에 두고 기계적으로 움직이면서 내면에서는 하루 24시간 화두를 끊임없이 끌고 가는 것이다. 그럴 때 우리 몸은 최적의 호흡 상태에 있게 된다. 일을 해도 쉽게 피로해지지 않고, 산소가 끊임 없이 공급된다. 그것이 수행자의 최고의 상태이며, 앞에서 말한 성성적적한 경지라고 스님은 말씀하셨다. 성성, 즉 몸의 감각은 당면한 일에 집중해 있으면서 마음은 화두를 들고 있어 적적한 상태를 유지하라는 것이었다. 그럴 때 인간은 일상에서 어떤 일이 일어나든 감정의 기복 없이 평온한, 중용의 상태로 있을 수 있다고 스님은 말씀하셨다. 그게 스님이 말하는 화두 보는 호흡이고 참선이며, 행주자와 어묵동정 간에 일상생활이 연결된 동선 수행인 것이다.

스님의 호흡법 5

일상생활에서 몸 쓰는 방법

 좌선하는 사람들이 좌복 위에 앉아서는 화두 수련이 곧잘 되는 것 같아도 일상생활 속에서 움직이면서 화두를 드는 동선은 어려워합니다. 수행하는 사람들은 일을 하고 사람들과 대화를 나누고 이동을 하면서도 끊임없이 화두를 드는 훈련을 해야 합니다. 그렇지 않고 화두가 끊어지면 바로 생사고락에 빠지고 희로애락에 휘둘립니다. 24시간 화두가 끊어지지 않아야 생사고락 없이 자기 의도대로 삶을 끌고 갈 수 있다는 사실을 명심해야 합니다.
 이 장에서는 화두가 끊어지지 않기 위해서, 그리고 수행의 꽃인 좌선을 더 잘하기 위해서 일상에서 어떻게 몸을 단련해야 하는지, 그 방법들을 소개하도록 하겠습니다.

걸을 때 몸 쓰는 방법
 수행자는 참선하는 시간만이 아니라 하루 24시간 깨어 있어야 합니다. 그러다 보면 일상 자체가 수행이라는 사실을 깨닫게 됩니다

다. 또 수행의 꽃인 참선을 잘하기 위해서는 좌복 위에서만이 아니라 몸을 쓰는 매 순간 자세를 바로 하고 근육을 단련해야 합니다.

수행자가 일상생활에서 자세를 가다듬을 수 있는 좋은 방법으로 걸음걸이를 개선하는 방법이 있습니다. 좌선을 할 때 양반 다리로 오래 앉아 있으면 골반이 뒤쪽으로 쳐집니다. 따라서 일상생활에서는 이를 보완해줄 수 있는 걸음걸이를 습관화해야 합니다. 그러려면 팔자걸음은 반드시 피해야 합니다. 팔자로 걷는 것은 그야말로 죽음의 길로, 몸을 망치는 길로 가는 지름길입니다.

특히 좌복에 앉아 있는 시간이 많다면 반드시 걸음을 일자로 걸어야 앉아 있을 때 뒤로 돌아갔던 골반 근육을 다시 앞으로 당겨올 수 있습니다. 이런 자세를 습관으로 만들지 못하면 좌선을 하면 할수록 몸이 틀어지고 좌선 병이 오게 됩니다.

저는 걸음걸이만 보고도 사람들이 자기 몸을 관리하고 있는지 아닌지 알 수 있습니다. 자기 몸 하나 관리하지 못하는 사람은 수행자가 아닙니다. 시간 날 때마다 발을 안으로 감아 돌려서 근육을 안쪽으로 당겨주십시오. 그러면 척추의 힘도 좋아지고 근육의 적당한 긴장감을 유지할 수 있습니다.

서서 대화할 때 몸 쓰는 방법

두 번째는 서 있을 때의 자세입니다. 서서 대화를 하는 모습을 보면 한쪽 발로 엉거주춤하게 서 있는 경우를 자주 봅니다. 이 또한 병이 되는 자세입니다. 서서 상대방과 대화를 할 때 삐딱하게 한 다리로 지탱하면 10~20분 내로 몸에 통증이 옵니다. 서 있을 때는 아랫배에 힘을 주고 차렷 자세를 취해야 합니다.

대화를 하거나 서 있을 때는 반드시 아랫배를 집어넣고 턱을 안쪽으로 당기고 엉덩이를 감아 넣어서 군대에서 말하는 부동자세를 취해야 기운이 빠지지 않습니다. 이 자세로 서 있으면 오히려 기운이 생기고 행주좌와行住坐臥 어묵동정語默動靜 간에 공부도 더 잘됩니다.

반대로 대화를 할 때 자세를 의식하지 않고 편하게 서 있으면 기운이 전부 다 흩어져 버립니다. 그러니 서서 대화할 때는 엉덩이에 힘을 주고 부동자세를 해주세요. 그 자세로 대화를 하면 20분이고 30분이고 서 있어도 힘이 빠지지 않고 오히려 기운이 생깁니다.

지금까지 걸을 때, 정지해 있을 때, 그리고 남과 대화를 할 때 몸 쓰는 법을 알려드렸습니다. 말로만 듣는 것이 아니라 한번 일어서서 해보십시오. 생각보다 쉽지 않습니다. 똑바로 선 상태에서 엉덩이에 힘을 주고 턱을 약간 당기고 어깨 힘은 빼고 기운이 아래로 쫙 모이도록 자세를 취해야 합니다.

이 부동자세를 할 때는 발바닥으로 기운이 가야 합니다. 발바닥으로 기운이 가지 않는다는 것은 기운이 상기되어 떠 있다는 의미입니다. 서 있을 때 기운이 발바닥으로 내려가야 하는데, 삐딱하게 서 있으면 기운이 허리나 다른 부위로 가기 때문에 골반이 틀어져 버립니다. 그러니 다른 부위가 의식되더라도 무게 중심은 발바닥으로 모이도록 해줘야 합니다.

또 길을 가다가 정진하고 싶다는 마음이 동하면 서서 정진을 한번 해보십시오. 등산을 하다가 앉아서 쉬는 것이 아니라 서서 기운을 모으면서 호흡을 해보는 것도 좋습니다. 서서 정진할 때도 좌선 못지않은 힘을 얻는다는 것을 알게 될 겁니다.

서서 정진할 때는 아랫배에 힘을 주고 척추를 딱 세우고 부동자세를 취합니다. 서서 입선을 해봐야 불법이 얼마나 참선의 도가 깊은지 체달할 수 있습니다. 사실 세상에 수행 아닌 것이 없습니다.

평형감각 기르기

그다음은 뇌의 감각을 살리는 습관입니다. 시대적인 징후인지 모르겠으나 현대인들에게 치매나 알츠하이머 같은, 뇌가 망가져서 생기는 질환들이 점점 늘고 있습니다. 다음의 동작들은 이런 질환을 예방하는 데 도움이 되는 것들입니다.

우리 몸에는 수직과 수평을 관장하는 센서가 있습니다. 몸을 삐딱하게 하고 있으면 바로 서려고 하고 앞으로 숙이면 척추를 반듯하게 세우려고 하는 감각 센서입니다. 이 센서도 나이가 들면 둔해집니다. 그러니 미리미리 단련해야 합니다.

요가에 선 채로 한쪽 발을 번갈아 들어올리는 동작이 있습니다. 한쪽 발을 들고 오래 있으면 좌우로 흔들리면서 몸이 바로 서려고 노력을 하는데, 그럴 때 수평과 수직을 맞추는 감각이 살아납니다.

두 발로 서는 것은 이미 하고 있으니 평형감각을 단련하려면 한 발로 서는 요가 동작을 하는 것이 좋습니다. 저 같은 경우는 샤워할 때, 다리를 한 쪽씩 올려서 닭싸움하듯 외다리로 서는 요가 동작을 하루에 5~10분씩 해줍니다. 그러면 뇌가 아주 활발하게 움직이고 평형감각이 단련됩니다. 이것이 수신법, 즉 몸 관리의 첫걸음입니다. 이 동작이 어렵다면 책상을 짚고 외발로 서는 것부터 시작하면 됩니다.

한번 일어나서 해보십시오. 모든 동작은 왼쪽부터 합니다. 오른발을 올리십시오. 그런 다음 팔을 양쪽으로 벌려서 좌우 평형을 맞춰보세요. 이 자세를 하는 동안 평형을 맞추는 감각이 바쁘게 움직입니다. 그 감각을 뇌가 익혀야 합니다.

자, 이번에는 반대로 동작을 취합니다. 동작을 취한 상태에서 호흡을 하면서 감각을 익힙니다. 한 발로 서는 동작을 하루에 각각 5분씩 해주십시오.

포행의 자세

포행은 승려들이 참선을 하다가 잠시 한가로이 뜰을 거니는 것을 의미합니다. 이 산책하는 자세만 봐도 몸 관리를 잘하고 있는지 아닌지 보입니다. 포행하는 스님들이 걷는 것을 보면 대부분 상체가 앞으로 기울어져 있습니다. 상체가 앞으로 기울어져 있다는 것은 아직 자기 몸을 관리하는 법을 모르고 있다는 뜻입니다.

예전에는 달리기 선수들도 속도를 내기 위해 상체를 앞으로 기울여서 뛰었습니다. 그러나 요즘은 상체를 꼿꼿하게 세운 상태로 다리만 움직이는 자세로 뜁니다. 그렇듯이 포행을 할 때도 척추가 바로 선 상태로 걷는 것이 중요합니다. 걸을 때는 반드시 사람 인 人 변처럼 뒤에 오는 다리가 힘 있게 척추를 받쳐줘야 합니다. 그런데 사람들이 걸을 때 보면 어슬렁어슬렁 걷습니다. 그것은 세 살 먹은 어린아이처럼 걷는 법을 모르고 있는 것입니다. 반드시 걸을 때는 골반의 근육이 움직이도록 척추가 꺾어져야 합니다. 그 자세로 걷기를 하면 걸으면 걸을수록 몸의 기운이 바뀝니다.

또한 점심 공양을 하고 나서 무리하게 산행을 하지 않도록 주의해야 합니다. 우리가 음식을 100을 먹었으면 100의 에너지만큼 몸을 사용해야 합니다. 그런데 100을 먹고 나서 산행을 하면 200의 에너지를 쓰는 것과 같습니다. 먹는 것은 별로 없는데, 에너지를 많이 쓰면 몸에 젖산이 쌓입니다. 그러면 정작 좌선 수행을 할 때 피곤해서 깊이 들어가기 어렵습니다. 그러니 수행자들께서는 너무 무리하게 산행하지 마시고 자연스럽게 15~20분 정도 포행을 하시기 바랍니다.

또 나이가 오십이 넘어서 높은 산에 오르면 관절에 무리가 갑니다. 그러니 나이 오십이 넘은 분들은 아주 부드럽고 고귀하게, 자기 몸을 어른 모시듯 관리해야 합니다.

의자에 앉는 자세

 몸을 어떻게 움직이느냐에 따라 운동을 해서 득이 되기도 하고 실이 되기도 합니다. 미국에서 1980~1990년대 요가가 한창 붐일 때는 등받이 없는 의자가 유행이었습니다. 많은 사람들이 의자에 앉을 때 상체를 의자에서 떨어뜨려 앉았습니다.

 좌선을 하게 되면 의자에 앉을 때도 허리를 펴고 앉아야 합니다. 구부리고 앉게 되면 우리 몸의 기운이 흩어져 오히려 몸이 더 망가집니다. 의자에 앉을 때도 걸을 때도 척추가 바로 서 있어야 합니다. 척추가 바로 서지 않으면 호흡이 안 된다는 사실을 명심하시기 바랍니다.

에필로그

에필로그

우리가 하는 호흡이 바로 우리 자신이다

 돌아보면 불교와 전혀 연이 없던 내가 강설 스님과 인연을 맺고 호흡법을 전수 받게 된 것은 신기한 일이다.

 알고 보니 강설 스님은 석가모니 부처님 이후 78대 전법 제자이자 한국 불교의 거목인 송담松潭 큰스님을 은사로 모시고 한국 불교의 선맥을 잇고 있는 수행 스님 중 한 분이셨다. 출가한 지 40년이 넘은 중진 스님으로, 선방에서 수행 공부에만 매진한 수행승이시라고 한다. 지금은 송담 큰스님이 참선을 지도하시는 인천 용화사 법보선원의 승려로 소속되어 있다고 한다.

 스님은 불교 수행자들이 부처님 시절부터 전승해오던 수행 방식, 그러니까 간화선이라는 종교적 관점에서의 호흡법을 내게 전수해주셨다. 그런데 그것은 내게 단순히 종교적인 의미의 호흡법이 아니었다. 오히려 삶의 방향성을 재정비하고 나 자신으로 살아가게 해주는 한 방편으로서의 호흡법이었다.

  식품영양학자는 우리가 먹는 것이 우리 자신이라고 말하곤 한다. 한데 스님은 우리가 하는 호흡이야말로 우리 자신이라고 말씀하셨다. 탁월한 기량을 발휘해야 하는 운동선수들에게만 호흡법이 필요한 것이 아니다. 오페라 가수가 노래를 잘하기 위해 특별한 호흡법을 배우고 프리다이버가 오래 잠수하기 위해 호흡 훈련을 하듯, 숨을 어떻게 쉬느냐에 따라 우리 인생도 완전히 달라질 수 있다는 말이다. 평소에 호흡을 특별히 의식해본 적이 없던 내게 그 말은 신선하게 다가왔다.

  3년여 동안 스님이 전수해준 호흡법을 한마디로 요약하면 더 크고 깊고 가늘고 섬세한 숨을 쉬라는 것이었다. 그러기 위해서 바른 자세를 취해야 하고, 횡격막이 단련되어 있어야 하며, 가슴이 열려야 하며, 온몸이 이완되어야 한다. 지나고 나서 보니 스님이 가르쳐준 모든 호흡 요령과 요가 동작들은 모두 더 크고 깊고 가늘고 섬세한 호흡을 통해 고요한 정精의 상태로 들어가기 위한 밑 작업이었다.

스님은 일반인의 호흡법과 수행자의 호흡법이 확연히 다르다는 것을 늘 강조하셨다. 그리고 이 호흡을 통해 우리가 궁극적으로 이루고자 하는 것은 화두를 들고 살아가는 삶이라는 것을 일러주셨다. 화두를 들고 사는 사람과 그렇지 않은 사람은 인생 자체가 180도 다르다면서.

스님은 말씀하셨다.

"무슨 일이든지 화두를 들고 하면 모든 에너지가 화두에 모여요. 내 시간과 공간과 애쓰는 마음, 이 모든 것이 화두 안에 모입니다."

"마음을 화두에 모으면 뭐가 달라지나요?"

내가 물었고 스님은 답하셨다.

"화두 없이 그냥 산다면 그게 무엇이든 그냥 시간을 소비한 거예요. 그러니 열심히 산 것 같아도 종국에 가서 보면 결국 아무것도 모이는 게 없이 흩어져버려요. 그래서 사람들이 죽을 때가 되면 내가 이제까지 뭘 하고 살았나 하고 후회를 하는 거예요. 실제로 나이 든 사람들이 뭐라고 하느냐면, 이럴 줄 알았으면 도나 닦을 걸, 그래요. 반면 마음을 화두에 모으면 그 마음은 우리가 죽어도 사라지지 않아요. 바라보는 자, 즉 관하는 자가 남는 거예요. 그러니 죽음이 닥쳐도 허망한 마음이 생기지 않지요."

평생 자기 시간과 공간과 마음을 특별한 목표나 꿈, 욕망에 모은 사람들도 마찬가지다. 그들은 화두에 마음을 모으는 대신에 탐진치, 욕심과 노여움과 어리석음에서 비롯된 마음에 모든 에너지를 갈아 넣는다. 그렇게 죽자고 모으고 이룬 것들을 죽을 때 가져갈 수는 없기 때문에 허망하다. 사람들은 아파트가 몇 채며 주식을 얼마나 갖고 있는지에 집착하지만, 눈에 보이는 3차원 물질들은 죽을 때 가져갈 수 없다. 대통령이든 시장이든 이번 생에서 얻은 권력 또한 이 한정된 3차원 물질세계 안에서만 효력을 발휘한다.

"세상 사람들은 눈에 보이는 데 에너지를 다 쏟아요. 그러니 죽을 때 가져갈 수 있는 게 자기 욕심밖에 없어요. 평생 달고 살았던 탐하고 집착하는 마음, 그것만 가져가는 거예요. 그래서 전생에 욕심을 많이 낸 사람은 현생에도 욕심 많은 사람으로 태어난다고 하는 거예요."

반면에 마음은 영원하다. 그것은 사라지지 않는다. 그러니 화두를 들고 산다는 것은 자기 마음을 관하는 것이며 영원한 것에 몰입해 사는 삶이다. 일상생활을 하며 몸은 관성적으로 움직여도 온 마음을 화두 안에 모아 정진한다면 내 시간과 공간과 열정이 모두 화두 안에 모이게 된다. 결국 내 마음 안으로 내가 들어가는 것이다.

"만약 화두를 놓아버리면 망상이 올라와요. 망상이 생길 때는 보는 놈이 사라지는 거야. 그러다 화두를 딱 들면 다시 관하는 게 있어. 관하는 게 없는 사람은 죽을 때까지 지구에서 살았던 그 망상에서 뒹굴다 가는 거라. 그렇지만 수행하는 사람은 자기 마음을 관하기 때문에 자기가 어디로 가는지 정확하게 알고 자기 의지대로 가는 거예요. 이것은 하늘과 땅 차이죠."

스님의 말씀을 가만히 듣고 있자니 원하는 목표를 이루기 위해 아등바등했던 내 삼십대가 떠올랐다. 직장을 그만두고 십 년 동안 원하는 것을 좇아 매진했지만 결국 그것을 이루지 못했다. 그 때문에 마흔 초입에 우울증과 무기력증이 왔고, 거기서 벗어나는 데만도 한참의 시간이 걸렸다.

그런데 스님의 말씀을 듣고 보니 남들보다 일찍 실패한 것이 내 인생 전체를 봤을 때 헛된 것이 아닐 수도 있겠다는 생각이 들었다. 만약 그때 내가 꿈을 이뤘다면 어떻게 됐을까? 모르긴 몰라도 경쟁에서 살아남으려고, 더 높은 곳에 오르려고 끊임없이 내달렸을 것이다. 그랬다면 삶의 끝자락에 이르러서야 그런 목표가 얼마나 허망하고 덧없는지 깨닫게 되지 않았을까?

일찍 실패한 것이, 노력했으되 얻지 못한 것이 어쩌면 전화위복이 된 셈이다. 성취하지 못했기에 그것들의 무상함과 헛됨을 일찍 알아챌 수 있었고, 덕분에 너무 늦지 않게 화두를 들고 좌복에 앉을 수 있었다. 오로지 내 시간과 공간과 애쓰는 마음을 화두 안에 모은 채 몸과 마음을 회복하고 재정비하는 3년의 시간을 보낼 수 있었다.

그렇게 하루 한 시간의 호흡법을 실천하다 보니 호흡만 제대로 했는데도, 컨디션이 달라지고 널뛰는 감정이 가라앉고 우울증이 걷히고 불안 증세가 사라졌다. 더 느리고 가늘고 깊고 섬세한 호흡, 그동안 종교인이나 수행자의 전유물이라 여겼던 호흡법이 치열한 경쟁사회를 살아가는 데 얼마나 큰 잠재력을 가지고 있는지 직접 체험한 것이다.

이 단순하고 명료한 호흡법이 비단 종교 수행자들의 전유물로만 남아야 할까. 어디를 둘러봐도 소란하고 시끌벅적하여 마음의 속도로는 따라잡을 수 없는 물질 만능의 시대에 조금 더디고 답답하더라도 내면의 소리에 귀 기울여 살고자 하는 이들에게 이 호흡법이 작은 지침이 될 수도 있지 않을까.

다행히 스님의 호흡법은 선문답처럼 두루뭉술하고 애매하지 않았다. 깨달음에 이르는 불교의 핵심 수련법인 참선을 누구보다 과학적이고 명료한 해설로 전하고 있다. 2600년 전 깨달음에 이른 붓다를 롤모델 삼아 그가 했던 수행 방법을 현대인의 사고 체계에 맞게 체계적인 방식으로 전달한다. 무엇보다 스님이 스승이신 전강 선사와 송담 큰스님의 가르침[20]을 받아 40여 년 동안 시행착오를 거치면서 직접 몸으로 체득한 호흡의 핵심 원리를 담고 있다.

　스님의 호흡법을 따라가다 보면 특별히 수행을 목적으로 하지 않는 이라도 일상에서 무의식적으로 내뱉는 호흡을 재정비하는 것이 어떻게 삶을 재생시키고 회복시킬 수 있는지 체험하게 될 것이다. 그리고 건강뿐 아니라 우리의 삶을 떠받치고 있는 것이 다름 아닌 호흡이라는 사실을 자각하게 되리라 믿는다.

　스님의 호흡법이 참선 수행에 입문하는 불자들뿐 아니라 유튜브에 난무하는 출처를 알 수 없는 호흡법과 선문답 식의 난해한 가르침에 지친 수행자들, 그리고 보이는 것에만 매달려 점점 깊고 섬세한 자기만의 호흡을 잃어가고 있는 현대인들에게 고요하고 내밀한 호흡의 세계를 열어주기를 기대한다.

20　두 스승의 가르침과 법문은 용화선원 유튜브 @SONGDAM을 통해 확인할 수 있으며, 진지한 마음으로 화두를 갖고자 한다면 송담 큰스님이 지도하시는 인천 용화사에서 화두 불명을 받기를 권한다.

스님의 호흡법

초판 1쇄 발행 2024년 10월 20일

지은이 전채연
펴낸 곳 황금테고리
출판 등록 2014년 7월 29일 제311-2014000042호
주소 서울 은평구 백련산로 2길 42, 212동 209호
전화 02-375-5741
팩스 02-335-5740
이메일 thepongdang@naver.com
홈페이지 www.facebook.com/goldencirclet
인스타그램 golden_circlet
ISBN 979-11-953824-9-1
© 도서출판 황금테고리, 2024

책값은 뒤표지에 있습니다.
잘못된 책은 구입하신 곳에서 바꿔드립니다.